云南百位历史名人传记丛书

中共云南省委宣传部◎编

传奇州长

召存信

征　鹏◎著

云南出版集团
云南人民出版社

图书在版编目（CIP）数据

传奇州长——召存信 / 征鹏著. -- 昆明 : 云南人民出版社, 2017.2
（云南百位历史名人传记丛书）
ISBN 978-7-222-15883-2

Ⅰ.①传… Ⅱ.①征… Ⅲ.①召存信－传记 Ⅳ.①K827=7

中国版本图书馆CIP数据核字(2017)第014094号

出 品 人：李　维
　　　　　赵石定
责任编辑：张力山
装帧设计：马　滨
责任校对：霍　红
责任印制：洪中丽

书名	传奇州长——召存信
作者	征鹏　著
出版	云南出版集团　云南人民出版社
发行	云南人民出版社
社址	昆明市环城西路609号
邮编	650034
网址	http://ynpress.yunshow.com
E-mail	ynrms@sina.com
开本	889mm×1194mm　1/32
印张	8
字数	155千
版次	2017年2月第1版第1次印刷
印刷	昆明卓林包装印刷有限公司
书号	ISBN 978-7-222-15883-2
定价	28.00元

如有图书质量及相关问题请与我社联系
审校部电话0871-64164626　印制科电话0871-64191534

云南百位历史名人传记丛书

编委会名单

总　序

丛书编委会

历史长河浩浩荡荡！中华文明自滥觞至汇聚千流，涵纳万水，奔腾迭起，云蒸霞蔚，延五千年之长史，至今生机勃然，是迄今世界上唯一保持完整且衍传有序、光耀于人类的伟大文明。

习近平总书记指出：一个国家、一个民族的强盛，总是以文化兴盛为支撑的。中华民族是具有非凡创造力的民族，我们创造了伟大的中华文明，实现中华民族伟大复兴的中国梦，必须弘扬中国精神。以爱国主义为核心的民族精神，以改革创新为核心的时代精神，是兴国之魂，强国之魂。

云南，是祖国西南神奇、美丽、富饶的宝地，是中华文明中极具特质和创造潜力的丰美之乡。云南少数民族文化是中华民族文化的重要瑰宝。长期以来，云南大地上，各民族和睦与共，相濡相生，共同创造了色彩瑰丽、形态多元、底蕴厚重、影响深远的历史文化，为我们留下了珍贵的精神遗产。人，是历史的镜子，是历史最生动的环节，人民是历史的主人和创造主体。在人类历史的进程中，一个个不同时期的代表人物产生过一些不同的影响。“云南百位历史名人传记丛书”就是这样一丛历史的记录，一百位历史名人，虽未必尽能概全，各位历史人物的代表性也不尽相同，但都是“追梦人”，是振兴民族伟大理想的传薪人、探索者和实践家。

在这些代表人物中，无论是拓土开疆的将帅勇者，还是蹈海酬志的大国使节；无论是志于传播文明的鸿儒巨擘、先哲贤士，还是为民族独立解放而高歌猛进、慷慨捐躯的群雄英杰，都贯注了这一重要精神。正是以他们为代表的云南各族人民创造并抒写了可歌可泣的英雄史章，熔铸了坚韧不拔、奋为人先、包容博大、敢于担当的精神品质，才使云南在中华文明的长史中闪耀着特有的光辉。尤在近代中国，在辛亥护国风云中，在反对外辱保卫祖国边疆维护民族尊严、抗击日本法西斯侵略中，云南站在历史前台，以中华群雄的不屈身影演出了一幕幕豪迈悲壮的历史大戏，也更涌现了一批足以彪炳史册、光照后人的杰出人物。这一切，给予中国历史进程深远的影响。

今天，实现中华民族伟大复兴之梦，谱写富民强滇中国梦的云南篇章，需要以中华文化发展繁荣为重要条件，这就需要接续这一光荣而伟大的精神传统，在继承中创新，在创新中发展，在发展中超越。云南正处于一个新的历史起点上，需要大力挖掘历史文化资源，聚合更强大的精神动力，为推动我省科学发展、和谐发展、跨越发展凝心聚力。为此，我们组织省内外专家学者编写出版了“云南百位历史名人传记丛书”。这对加强我省各族人民，尤其是青年一代对历史的了解、认同，爱国爱乡爱民并甘于奉献，对提升优秀精神品质，形成团结奋斗的共同的思想基础，坚定推进富民强滇的信心和决心，显然有着重要的现实意义和切实的助力。

一百位历史人物，所处历史时期并不相同，其历史作用也有差异，甚至就个人的全面历史评断方面也难以等量趋同。但我们以为这些留存史迹的人物，所以传扬至今，为后世崇奉，均有他们共同的历史向度和价值取向，我们学习这些历史人物，至少应当着重于以下几个大的方面，即：“守大德、重大义、集大成、有大度、达大观”。

守大德，即恪守道德规范。“德者，本也。”（《礼记·大学》）“大德”既是国家民族的根本利益所在，也是中国文化中最核心的价值理念及标准。古语“行德则兴，背德则崩”，不仅是资政经验，也是个人修习完善的根基。所谓“厚德载物”，直观的理解，就是如果德行浅薄，是不能兴物成事，更不能造就伟大功业的。云南历史文化名人，大多以德立身，大节不移，并对此恪守坚定，一以贯之；始终保持正确信念和理想，并为之奋斗到底。这是我们首先要学习尊崇的。

重大义，即以国家民族利益的需要为个人行为取舍的标准。有大义，才有大爱。这些先贤无不爱云南爱乡土，以兴业乡梓、造福一方为己任。尤在国家民族命运攸关、生死存亡的关头，这些令人崇敬的先辈，大义擎天，逢难不避，敢于担当，责无旁贷，勇往直前，不惧牺牲。一个心存天下大公的人总会在不经意的一瞬决定大义的选择，这是社会进步的希望所在，更何况实现中华复兴的伟大梦想，还有很多异常艰危的事业在等待我们去克难攻坚。所以，举凡大义、为民为国、全身而进的精神是我们应当效法崇尚的。

集大成，“知类通达，强立而不反，谓之大成”。这些历史人物留下的足迹，予人深刻启迪。他们无论是出将入相，还是布衣一袭，均勤学不辍，求索不止，在追求真理和知识的道路上刻苦务实，义无反顾，永无终期，故能成大器，胜大任，不辱使命。今天，世界进入知识信息时代，软硬实力决定一个国家能否赢得发展机遇，乃至自立于强国之列的地位。其紧迫性不亚于先辈梦想中国富强的百年期许。但今天所谓“集大成”，是更高更大更具有生存挑战性和发展战略性的，是集世界之“大成”，集政治经济、科技文化、制度建设、社会发展等一切领域“总成”，玉成中国梦的空前伟大的事业。所以，先人刻苦自律、博学精进的学习精神我们应当秉持继承。

有大度，即要有开放包容的胸怀。云南历史文化名人的一个共通品质，也是一个显著特点就是，即使身处僻远，总能破除狭隘与陋见，以宏大度量，兼容并包，接纳先进，吸收优异，团结一切可以团结的力量，聚合一切可以聚合的资源，总成一股创造历史的宏大动力，来完成伟大的事业。哪怕是割股舍己，也在所不惜。今天，云南要实现跨越式发展，保持开放包容的胸怀尤其重要。所以，先辈"天下云南"的大度我们应当弘扬光大。

达大观，即要眼观天下，达察全局，与时俱进，审时知变，敢为人先。推动云南社会历史进步的代表人物，无不目光远大，胸怀全局，对世界潮流、时代嬗变，都能审视洞悉，并欣然顺应规律，故能在历史转折的关键时刻做出正确选择，成就改天换地的一番伟业。古语有"小智自私"、"达人大观"，是将为个人牟私的小智谋与担当天下兴亡的大智慧尖锐对比而言的。否则，"其兴也勃焉，其亡也忽焉"。一个为民为国而应用心智的人，必然有达观天下的心怀，也由此激发潜能、超迈寻常，而使人生境界也更加美好而宏丽。遍观世界文明史，许多影响人类进步的伟大创新，正是以此为动力和起点的。今天，中国经济社会的快速发展，国家的日益强大，正为实现中华民族伟大复兴的中国梦开拓了无限广阔的道路，也为个人实现自身价值创造着更加富实的前景。所以，先辈们达观天下的精神我们应当引为楷模。

我们对志向高远、仰观天下、俯察民情、甘为路石、慨当以慷、求真务实的历史名人，心存景仰，并愿与千千万万的读者，尤其是青年朋友一道学习弘扬。

组织编撰“云南百位历史名人传记丛书”是一项重要的文化工程，编撰出版人员都做出了艰苦的努力，但由于众手修书，书稿层次不一，成书体例难以做到完全一致，对存在的不足敬请读者批评指正，我们将虚心接受，并在修订再版时一并吸纳修改完善。

目录//MULU

目录//MULU

目录//MULU

目录//MULU

目录//MULU

传奇的身世

20世纪20年代，召存信出身于景董的土司家庭。少年时学傣文、读私塾，初通傣、汉两种文字。40年代初，他被派到中老边界的勐捧组建抗日中队，并担任中队长，后又担任勐捧土司，与宣慰使侄女结为连理，开始了他的人生之旅。

日本飞机丢下的炸弹

20世纪20年代，召存信在云南省江城县景董乡的土司家庭里呱呱坠地。那时景董乡属西双版纳管辖，由于他的父辈们对辖区的管理有功，同时又有力地支持西双版纳最高统治者召片领[①]反对异国的侵扰，因此被授予“孟”的称号。“孟”是傣语，意为至高无上的人。召存信的父亲傣名为召孟捧麻，由于他与汉族打交道多，又取汉名召国顺。

召存信傣名召孟翁罕，他兄弟姐妹共7人，其中5人是男性，2人是女性。他是最小的一个。父亲除对他们进行傣文教育和傣族传统的伦理道德教育外，还专门请汉文老师到家里来对他们进行严格的汉语教育。

根据召孟捧麻的要求，汉文老师用孔夫子的“仁、义、礼、智、信”5个字，分别为他的5个儿子取了汉名，即召存仁（后改为召仁）、召存义、召存礼、召存智、召存信。两个女儿的排行顺序是：沙龙排行第三，沙腊排行第六。由于召存义早年被国民党反动派打死，哥哥姐姐们常常称召存信为“六弟”，而别家比他小的人亦常常把他称为“六哥”。

召存信的兄弟中，除了长兄召存仁为中等身材以外，其余的身高都超过1.8米。召存仁、召存信的皮肤白皙、细嫩，而其他兄弟皮肤呈酱红色，显得威武有力。

由于从小受到父母严格的教育，召存信从 12 岁起，便能熟练地应用傣文，也能用汉文通读报纸和书籍，并养成了“严以律己，宽以待人”的良好习惯。

1937 年 7 月 7 日，震惊中外的卢沟桥事变爆发，日本侵略者侵占了我国的东北、华北、华中等大好河山，同时侵占了马来西亚、新加坡、泰国、缅甸、老挝，并从老挝、缅甸北上，妄想从中国的西南面打开缺口，进而吞并全中国。日本的飞机在西双版纳的打洛、勐海、勐龙、景洪、勐捧等地狂轰滥炸，日本的傀儡军——暹罗军打到了打洛江的对岸。

西双版纳在流血，整个中国在流血！

国难当头，召片领刀栋梁（即召孟苏宛纳帕钪）当机立断，分别在打洛、勐龙、勐捧等地建立抗日自卫队。经普洱地区国民党当局的同意，刀栋梁点名指派召存信到勐捧组建抗日自卫中队，并担任中队长。

接到刀栋梁的命令之后，召存信带上几个侍从，从景董骑马出发了。他们穿过一片片莽莽的原始森林，3 天后抵达勐捧。

勐捧坝是个大坝子，平坦的土地就像那蝴蝶的翅膀。坝子里分布着许许多多大小不一、错落有致的村寨，村寨里一幢幢屋顶呈人字形的竹楼，掩映在椰子、槟榔、杧果、长蕊合欢等之中。竹楼的尖顶炊烟缕缕，一片和平安宁的气氛。南腊河从竹楼旁、坝子中间穿过，弯弯曲曲地向远方流去。在坝子里居住的，一般都是傣家人。

坝子周围的深山密林里或半山腰，居住着哈尼族、瑶族、苗族等民族的兄弟姐妹。这些民族村寨的周围，都是古木参天、荆藤飞舞、密密层层的原始森林。

召存信来到勐捧后，先去拜访勐捧土司召勐捧，因为他的母亲是前任召勐捧的女儿。同时他也去拜访了勐捧的总头人帕雅诰刀立仁，以便疏通关系，取得他的支持。

召勐捧安排召存信住在司署里，并派小头人陪同他去察看中老边界上的军事要地，以便组织抗日自卫中队，利用有利的地形、地物抗击日本侵略者。

来到勐捧的第三天，召存信头戴毡帽，身穿得体的灰色中山装，腰挎左轮手枪，在村寨头人帕雅曼晒龙、帕雅曼安和几个侍从的陪同下，骑着马从城子曼景出发，到勐满、勐润的中老边界察看。那两个小头人年约 40 岁，都背着驳壳枪。其他侍从有的扛着卡宾枪，有的扛着火药枪，头上分别扎着水红色、白色、黑色的头巾，身上穿着黑色、黄色的无领对襟上衣。

召存信发现，勐满、勐润的中老边界的界碑十分简单，只是用一块雕凿简单的大石头做成，界碑的一面用中文刻着“大清界”三个字，而另一面则用法文写着“大法界”三个字。勐满和勐润，都是与勐捧平级的勐，但土地面积比勐捧小，人口也比勐捧少，因此在许多方面，这两个勐还得听召勐捧的。更何况召存信是召片领派来的人，就更有权力到这两个勐的中老边界线检查了。

“召孟翁罕，这块界碑在傣历 1257 年（1895）以前是插在勐兴以南的地方的，那时那一带是属于我们西双版纳管辖的，可是不知道为什么，上头把那个地方划给了法国[2]。”帕雅曼晒龙对召存信说：“这样一搞，勐兴变成了外国，这块界碑也就移到了这里。当时被划出去的不仅是勐兴，还有勐乌、乌德、先西里，我们的西双版纳就少了一个版纳。”

“记得我小时候，法国人把这块界碑从勐兴以南的地方移到这里，我的父亲、爷爷以及村寨里的人，半夜里就把这块界碑移到勐兴以南，他们不忍心让祖国的领土变成他国的领土，但天明以后法国人又把它移到这个地方。这样移过来移过去，相持了一个多月，由于上头有命令，不准与法国人对抗，又一层一层地压下来。我们这里的人不得不服从，大家虽然不再移动界碑了，但心头的怒火是扑灭不了的。”帕雅曼安气愤地说。

“你们两位帕雅说得很对，割让勐乌、乌德、先西里、勐兴给法国，是清政府腐败无能所造成的。”召存信当时才有十七八岁，他虽然是召勐的后代，但严格的家教提醒他为人处世要谦虚，不能妄自尊大。“我在家读私塾时，老师就告诉我：公元1895年，法国借中法第二次在云南边境与越南边境勘界之机，指使其驻华公使施阿兰以中日甲午战争签订《马关条约》后，曾出面劝说日本把辽东半岛归还给中国有‘功’为借口，要求中国把勐乌、乌德、先西里、勐兴割让给他们，对清廷派到这里来续议勘界的委员黎肇元软硬兼施，迫使他在法国人早已准备好的地图上签字，承认勐乌、乌德属于老挝地界，并派兵强占了这几个地方。当然黎肇元也有他的难处，因为上司叫他‘变通’执行，不要得罪法国人，结果中了法国人的圈套。”

“听我父亲说，勐乌、乌德等地被割让给法属老挝以后，乌德的土司召晚纳捧在老百姓的支持下，联合勐乌土司和驻勐乌的汉族陈玉成、李华庭等人，领导老百姓与法国军队进行坚决的斗争，我们勐捧、易武、尚勇、勐腊的头人和百姓也援助了他们。”帕雅曼晒龙说，“后来，召晚纳捧被法军抓住，在押送他的途中，老百姓伏击法军押送人员，救出了召晚纳捧。但在战斗中，召晚纳捧因受重伤而牺牲于途中。”

他们 3 个人越说越气愤，对法国人以卑劣的手段强占中国领土以及清政府丧权辱国的政策义愤填膺。帕雅曼安走到界碑旁边，在“大法界”三个大字上撒了一泡尿。

这时候，从远处传来了日本轰炸机隆隆的声音，召存信等人立即扑倒在地上。一会儿，飞机越过边界，飞到了勐捧上空，扔下了十几颗炸弹，炸弹在坝子里爆炸，传来了震耳欲聋的巨响。

“飞机丢下的十几颗炸弹，不知使多少农户被炸伤，多少人遭了殃，两位帕雅，我们一起去察看察看灾情吧！”召存信建议说，说罢掸去身上的灰尘。

“好，我们走！”帕雅曼安说。

他们3个人跨上马背，策马奔向烈火熊熊的曼安寨子。几个侍从也跨上马背，策马跟在他们的后面。

曼安是个掩映在绿树丛中的寨子。当他们策马来到曼安时，有 3 幢竹楼正烧得烈焰熊熊，火光冲天，火舌舔着院子里的杧果树、泡果树，老人、小孩、妇女哭声连天。

有一家女主人被吓瘫了，因为女主人正在烧火煮饭，这时，炸弹从竹楼顶穿进屋里，又从火塘三脚架的中间穿到楼底，插入土中。好在这颗炸弹没有爆炸，不然连人带房子都会被炸飞的。事后有人说，炸弹之所以没有爆炸，是火塘上的三脚架保佑了她，因为三脚架的三只脚，一只代表金宝石，一只代表红宝石，一只代表吉祥的宝石，三颗宝石共同保佑主人的平安。

召存信和两位帕雅商量，一是组织力量扑灭烈火，二是组织青壮年男子立即砍木料、竹子，为被烧掉房子的 3 户人家盖新房子。在新房子盖好之前，先把这 3 户人家安置到亲友家暂住几天；动员各家各户捐钱捐粮，支援那 3 户被烧掉房子的人家。5 天之后，曼安被烧掉房子的 3 户人家搬进了新的竹楼。被吓瘫的那位妇人早已恢复了知觉。

安顿好灾民之后，召存信又和两位帕雅一起，在侍从的护卫下骑马到各村寨察看灾情，好在这些村寨都没有被炸弹炸着，炸弹都扔在田野上、森林里了。

抗日自卫中队

日本轰炸机丢下的炸弹使勐捧全勐的头人、百姓震惊了，大家感到日本侵略者的魔爪已经离自己不远了，一旦日本鬼子的铁蹄踏进勐捧坝子，就有千百幢竹楼被烧毁，千万个妇女惨遭蹂躏，千万个爱国者被砍头、剖腹挖心。

借此机会，召存信亲自到各村寨宣传，号召青壮年参加抗日自卫中队。他到曼安一宣传，就有45名青壮年男子报名参加自卫队，他从中挑选了15名为自卫队员；他到曼晒龙宣传，有40多名青壮年报名参加，他也从中挑选了15名身体结实的青年为自卫队员。各村寨青壮年也纷纷报名参加自卫队，他按寨子大小，每个村寨挑选5至15名参加抗日自卫队。10天内，就组织起了一支拥有140人的抗日自卫中队。队员们使用的武器，有的是自带的火药枪、步枪、手枪，有的只有大刀、长矛、斧头，有的是连刀、枪、矛、箭都不带，说是只凭拳头就可以打倒敌人的“刀枪不入”的人。

召存信把自卫中队分为4个排，每个排又分为3个班，先把他们集中起来训练10天。在集训期间，他先给队员们上课，讲日本帝国主义的侵略野心，目前祖国的东北、华北等地已被日本侵略者侵占，日本鬼子所到之处都实行杀光、抢光、烧光的“三光”政策，给沦陷区人民带来了无穷的灾难。更有甚者，日本鬼子还用活人来搞细菌试验，让细菌把人活活地吞噬。现在日本侵略者又从泰国、缅甸、老挝进攻中国的西南边疆，妄想与侵占东北、华北的日军南呼北应、两面夹击，从而吞并整个中国。讲课的地点就在曼安被日本人的炸弹炸毁后的一幢竹楼旁的一棵大榕树下，这棵大榕树有的枝条已被火舌舔着，烧得黑黑的。

接着，他又以勐捧被轰炸、曼安民房被炸毁的活生生的例子，说明日本人已大军压境，勐捧已危在旦夕。不愿受日本侵略者蹂躏的中国人应该组织起来，同日本人作斗争。一是以分散的形式袭击日本兵。我们这里树多、山多，可以躲在隐蔽处袭击敌人，能消灭一个算一个，如果 1 天能消灭 1 个敌人，那么 100 天就可以消灭 100 个敌人了。二是同胞中谁家有灾有难，就要互相帮忙，我们傣家人历来就有互相帮助、互相支持的光荣传统，要发扬这个优良传统。三是自卫队实行集中与分散相结合，为了不暴露目标，自卫队以班、组活动为主，利用自己所熟悉的地形、地物消灭敌人。

召存信讲完课之后，大家就进行步枪、手枪、火药枪和弩箭的射击比赛，接着又进行武术比赛。他从自卫队员中挑选出枪法、刀法好的人充当教员，教大家练习枪法和刀法，挑选出武功好的人教大家练习武功。这样，在 10 天内，队员们的枪法、刀法和武功都有了很大的提高。训练结束后，队员们就按村寨、班组进行活动，平时在田地里务农，一有情况就敲铓锣，大家就立刻集中，轮流站岗放哨，哪里出事就奔向哪里。

从曼安的 3 幢竹楼被炸毁以后，日本飞机又来轰炸过几次，每次都扔下了十几颗到二十几颗炸弹，炸毁了不少民房，也炸伤了一些人。每次日本飞机扔下炸弹，都是自卫队员冲上去救火，把老人、小孩从火海中抢救出来，找当地的草医给受伤的人员治伤。因此，自卫中队受到了勐捧头人、百姓的欢迎。

不久，召勐捧设宴招待召存信，他说：“召孟翁罕呀，虽然你年纪不大，却做了一件大事，这就是长我民族志气，灭敌人威风，头人、百姓都喜欢你。我已给召片领召孟苏宛纳帕钪写报告，要求他给你记功、授奖。”

“我年纪小，而且来勐捧的时间不长，刚刚做了一点自己应该做的事情，就得到了召勐捧这样的夸奖，谢谢您对我的栽培！”召存信谦虚地说。

召勐捧已是年过六旬的人，头发已全白，患有严重的哮喘、胃病、结肠炎等病，身体极为虚弱，走几步路就气喘吁吁的。他既没有儿子可立为“太子”，也没有女儿可嫁给门当户对的人，以便让女婿继承他的土司职位。他看到召存信这人虽然年纪不大，但办事却很稳重，有正义感，如果他有女儿的话，真想让召存信当他的女婿，可惜他连一个儿女也没有，真叫他伤心呀！

自从召存信来勐捧当抗日自卫中队队长以后，召勐捧似乎看到了一点希望，此人文武双全，有一定的组织能力，办事稳重，尊老爱幼，而且他又是前任召勐捧的外孙，如果让这样的人来继承他的土司职位，他就放心了。10多天前，他已把召存信组织、领导抗日自卫中队的有关情况书面上奏召片领。召片领收到他的报告后，异常高兴，拟于近日内派主管商业、市场的大头人刀当强（召龙纳嘎）到勐捧嘉奖召勐捧、召存信及自卫队员们。

与刀美英一见钟情

半年以后，年迈而体弱多病的召勐捧永远闭上了他的双眼。根据召勐捧生前的请求并经议事庭研究决定，召片领刀栋梁任命召存信为新一任土司——召勐捧。勐捧的头人、百姓和年高德劭的长者，为召存信举行了隆重的仪式。

不久，召存信收到了召龙纳嘎从景帕钪[3]托人带来的一封信。信是这样写的：

召孟翁罕小弟：

首先祝贺你升任勐捧土司，相信你在这个位置上会干得很出色的。

上次说到的那件事，我已为你物色到了一位美人，她是老召片领刀承恩的外孙女、现任召片领刀栋梁的亲侄女——孟喃罕凤。

孟喃罕凤天生丽质，与召小弟是天设的一对，地造的一双，十分般配。她的父亲是勐遮土司——召勐遮。由于父母死得早，她和胞姐孟喃嫩罕由二舅刀栋刚（召孟刚）收养。我向刀栋刚介绍了你的才能和为人，他愿意把自己的亲侄女许配给你，望你抽空到景帕钪来相亲。你来到景帕钪后，先来找我，我带你去相亲。我相信你会喜欢她的。

大哥召龙纳嘎

傣历 × 年 × 月 × 日

于景帕钪

召存信把信连续看了好几遍，他知道召龙纳嘎介绍给他的这位孟喃罕凤，原先二宣慰刀栋刚就给他说过了。一次，普洱专员公署通知车里宣慰使刀栋梁和各勐土司去普洱开会，刀栋梁因病不能去，故叫其大弟、人称“二宣慰”的刀栋刚代表他去出席。在会上，刀栋刚认识了召存信，见他精明干练，仪表堂堂，虽说话有点结巴，但谈吐不凡，汉文、傣文都懂，又是一勐之主，便想把自己的亲侄女孟喃罕凤许配给他。

召存信来到景帕钪，先找到召龙纳嘎，然后由召龙纳嘎陪同，去拜访宣慰使刀栋梁。召存信向宣慰使先汇报了勐捧的情况和边境情况，以及抗日自卫中队的情况。接着，他就单刀直入地说，自己是特地来相亲的。

“我知道，是大弟召孟刚告诉我的。”刀栋梁说罢，又故意问召龙纳嘎：“召龙纳嘎，这是你牵的线吧？”

“是的，是下官牵的线，依下官看，他俩十分般配。”召龙纳嘎回答说，“不过，孟喃罕凤是与召孟罕勒定过娃娃亲的，下官这样做，是否会得罪人？”

“呃，得罪什么呀？召孟罕勒既是我的亲侄儿，又是我的义子，是我的继承人，他的年纪还小嘛，他只比孟喃罕凤大一个月，男人还是大一点再结婚好。召龙纳嘎呀，你牵的线很好，正合我的意。依我的想法，召片领的女儿、侄女、孙女应嫁给各勐土司、大头人；召片领的儿子、侄儿、孙子应娶各勐土司的女儿、侄女、孙女为妻。这样，整个西双版纳就成为一家人了，地方安定，大家和和睦睦的，没有战争，没有骚乱，那有多好啊！”刀栋梁说。他想得更远，更有战略眼光。

“是的，松溜帕宾召！”召龙纳嘎毕恭毕敬地说。

“召孟翁罕呀，”刀栋梁对召存信说，“孟喃罕凤是我五妹的女儿，由于父母死得早，她和她姐姐孟喃嫩罕由我大弟召孟刚收养。孟喃嫩罕不久前嫁给了蔡真藩，他是国民党参谋团的副官。我大弟这几天外出，等一会儿由召龙纳嘎陪你去看看孟喃罕凤，不知你们见面后是不是有缘分。”刀栋梁说罢，叫下人去“贺冈”（中宫）通知孟喃罕凤。

早在10多天前，孟喃罕凤就听二舅父召孟刚说，召龙纳嘎要把勐捧土司召孟翁罕介绍给她，但他没有说召孟翁罕为人怎样，与她般配不般配。

她也清楚地懂得，在傣族民间，青年人谈情说爱，父母一般是不干涉的。只要双方情投意合，男方的父母就会托媒人去女方家提亲，女方家一般是不会反对的。双方说定之后，就可以选择良辰吉日举行结婚拴线仪式了。可是在领主集团里，恋爱、结婚是不自由的，为了达到某种政治目的，往往是由父母决定儿女的婚事。她的父母在世时，曾让她与表兄刀世勋定过娃娃亲，刀世勋是召片领的当然继承人，他将来是要当召片领的，那时她就是“喃丢维”（王后）了。他俩从小青梅竹马，彼此是有感情的。现在表兄正在佛海县省立小学读书。可是她的母亲在她刚满3岁时，突然暴病而亡，二舅父怀疑自己的胞妹死得奇怪，就去勐遮土司府大闹了一场，要妹夫召麻哈勐还自己的胞妹孟喃西莉苏婉娜。他担心自己年幼的外甥女孟喃嫩罕、孟喃罕凤会遭人虐待，便把她们姐妹俩带回景帕钪，由自己抚养。她们长大后，她俩的婚姻大事当然是由他做主的了。

不知为什么，原先她的父母给她和表兄刀世勋定娃娃亲时，二舅父是同意了的，可是他现在却又不同意了。二舅父是个脾性古怪的人，一旦他决定了的事，用九头大象的力气也休想改变他。她想了好几天也没有想好，让她嫁给一个自己没见过、不喜欢的男人，还不如跳进澜沧江里死了好……现在突然接到大舅父的通知，说是召孟翁罕马上就要过来相亲了，怎么办呢？万一她看不上他，又不得不嫁给他，那她就去吃毒药，去跳澜沧江。想到这里，她心里坦然多了。

这时，召龙纳嘎就把召勐翁罕带过来了。因为正宫“贺龙”与召孟刚的中宫“贺冈”只有一百多米距离，说到就到。这时孟喃罕凤的眼睛亮了，出现在她面前的召孟翁罕，是一位身材高大、英俊潇洒、皮肤白皙的美男子。他理平头，瘦长的脸形与他高大的身材十分相称。这正是她理想的男人，心想，她原来的想法是多么幼稚、可笑啊！同时她也十分感谢召龙纳嘎，给她送来了这么一个理想的小伙子。

召存信见到孟喃罕凤也十分满意，她个子适中，长着一副瓜子脸，皮肤细腻，脸色白里透红，身材苗条。她真像古代叙事长诗中所描写的千瓣莲花公主，说话十分动听，走起路来也十分动人，只是她说话时嘴里不会喷出千瓣莲花的花瓣而已。

婚事定下来后，召存信给父亲召国顺写了一封信，派人骑马火速送往江城景董。在信中，他告诉父亲，他已和召片领刀栋梁的亲侄女孟喃罕凤喝了订婚喜酒，将选择良辰吉日喜结连理,请父亲、长兄、长嫂等赶紧到景帕钪来。

宣慰使司署里的婚礼

十多天后，召孟刚选择了一个吉利的日子为召存信和孟喃罕凤举行婚礼。景董土司召国顺和他的长子召存仁、长媳孟纹等专程赶来景帕钪参加婚礼。因为孟喃罕凤是前任召片领的外孙女、现任召片领的亲侄女、勐遮土司的女儿，不仅景洪、勐罕、勐养、勐龙等地的头人、百姓专门派代表来参加，而且勐遮、景真、勐混、勐海等地的土司、头人、百姓也派代表专程来参加婚礼；勐腊、勐仑、勐远、勐醒、勐满、勐润以及召存信管辖的勐捧，土司、头人、百姓也派人专程来参加婚礼，并带来了各种贵重的礼品。南糯山、南联山、布朗山、基诺山的哈尼族、布朗族、基诺族头人，也派代表带着礼品来参加婚礼。

国民党参谋团和93师也派代表来参加婚礼。参谋团的代表就是孟喃罕凤的姐夫蔡真藩副官，他是以双重身份参加婚礼的。

婚礼拴线仪式在召片领司署大院里举行。两天前，就由各村寨派人砍木料、挑草排到这里来，搭起了一个可供数百人进餐、娱乐的棚子。那天傍晚，临时棚子的中间摆着一张巨大的四方桌，桌面上垫有芭蕉叶，芭蕉叶上陈放着用金盆、银盆盛着的已煮熟的两只雏鸡、盐块、舂盐棒、干槟榔串、糯米饭、芭蕉、白棉线等。

大桌子的周围陈放着20多张篾桌，上面陈放着各勐土司、头人、百姓们送给新郎、新娘的礼品。礼品有各种金银珠宝首饰、布匹、银元、干槟榔串等。

婚礼仪式由德高望重、博学多才的大头人“怀朗曼洪”刀学林主持，他在召片领司署里，是主管司法、户籍的“卡贞”（大臣）。

婚礼开始，主婚人刀学林盘腿坐在大桌子的主席位置，伸出右手搭在桌子上，新郎、新娘跪在他对面，伸出一只手搭在桌子上，召孟刚、召孟捧麻、召存仁夫妇、召龙纳嘎等均伸出一只手搭在婚礼主桌的边沿。主婚人口中念念有词，他说：“今天是个吉祥的日子，是孔雀开屏的日子，是凤凰下蛋的日子，是宝石像雨点般降下来的日子。

在这美好的日子里，召孟翁罕与孟喃罕凤喜结良缘，愿他们的生活充满鲜花与美酒，充满和煦的阳光和甜蜜的空气，愿他们相亲相爱，白头偕老，生出儿子知书达理，刚柔相济，生出姑娘如花似玉，光彩照人……”

主婚人致完辞后，新郎、新娘每人从桌子上揪起一团糯米饭，在酒里蘸一蘸，然后在鸡、盐等物上点一点，把它放在桌子上，每人连续做3次。接着，主婚人从桌上拿起一根较长的白线，从左至右，绕过新郎、新娘的肩，把线的两端搭在桌子上，表示已把两个人的灵魂拴在一起，让他们相依相随，永不分离。然后，主婚人又拿起4根较短的白线，分别拴在新婚夫妇的左、右手腕上。

主婚人给新郎、新娘拴好线后，召孟刚、召孟捧麻、召龙纳嘎、召存仁夫妇以及在座的长者、亲友都一一为他们拴了线，向他们表示衷心的祝福。拴线仪式结束后，拴线主桌、礼品桌等立即撤去，召孟刚令人摆出几十桌酒席，款待各勐、各地来参加婚礼的人。晚宴开始，各勐选派来的“章哈勐”即席创作，为尊贵的新郎、新娘唱祝福歌。有的章哈用歌声相互提问，答对者为胜，答不对者为输。章哈们的歌声把婚宴推向了高潮。

正在勐海读书的刀世勋听说与自己定过娃娃亲的表妹孟喃罕凤要嫁给召存信，感到十分突然，也感到十分惋惜，不管怎么说，他总得回景洪看一看。勐海土司刀宗汉调来几匹马，派七八名侍从护送刀世勋到景帕钪。

当刀世勋赶到司署时，召孟刚令人鸣枪七声表示欢迎。那时已到鸡叫头遍，婚宴已结束，他在二伯父召孟刚家里整整坐了一夜，但没有说一句话。天亮了，他该走了。临走时，他对刀美英说："罕凤妹妹，你们要小心，好自为之！"刀美英不知道表兄说的话是什么意思，是不是有人要找召存信和她的麻烦？这可不能妄加惴恻呀。

果然，没过几天，在召存信夫妇外出探望亲友时，他们的洞房被一群当兵的抄了，抄走了许多贵重的东西。

刀美英心想，表兄刀世勋虽然最终没能得到她，但他当时却能在她毫无觉察的情况下暗中提醒、帮助了她，这说明了他当时尽管心中默默地忍受着痛苦，却没有怨恨她，这怎么不令她感动呢？！

婚礼结束几天后，召存信的父亲召孟捧麻、长兄召存仁夫妇就回景董去了。又过了五六天，召存信和爱妻一起取道勐旺到景董看望父母和哥哥姐姐们。在那里，他们又举行了一次隆重的婚礼。他们在景董住了几天后，即返回勐捧。

勐捧的头人、百姓听说他们的"召勐捧"把召片领的侄女娶来了，都纷纷带着各种礼物，到司署里来，向他们表示祝贺，头人们还为他们举行了隆重的拴线仪式。

特殊的“囚犯”

担任勐捧土司以后，召存信体恤民情，宣布租税减半征收，得罪当权头人和国民党官员，于是被追杀、赶出勐捧。在担任曼听办事处主任期间，由于他坚决抵制国民党当局超额的摊派，被抓去关了两次监狱。担任议事厅厅长后，他又遭到了封建领主集团内部的排斥和打击。在这多事之秋，他又失去了正直善良、敢作敢为的良师益友……

要爱民千寨　不要爱财千袋

召存信与孟喃罕凤完婚之后，想得最多的就是如何为老百姓办点实事。

他的父亲曾经教育过他，当“召勐”（土司）的人，要把老百姓当作自己的长辈、儿女、兄弟、姐妹一样看待。傣族俗话说：“要爱民千寨，不要爱财千袋。”只有这样，才能得到老百姓的支持和拥护，自己的地位才能够稳固，大权才掌得牢。有了百姓支持，什么大事、难事、苦事都好办，正如俗话所说：“有百姓支持，树梢上站得稳；没有百姓支持，大山顶上坐不住。”

也就是说，人心的向背是十分重要的，得人心者哪怕在树梢上也站得稳；失人心者哪怕有多大的靠山、地位再牢固也不行。

召存信的干爹和他的私塾老师听说他当了勐捧土司，就分别来信鼓励他，并提醒他要关心、爱护自己的百姓。他们引用唐太宗李世民的话说：“水能载舟，亦能覆舟。”言下之意就是：老百姓好比是水，帝王好比是船，水可以行船，也可以把船吞没。他牢牢地记住了这些教诲。

本来，他当土司以后，有许许多多发财的机会，头人们为了把官做得更大一些，就用金钱、马匹、牛羊来贿赂他，用花言巧语来吹捧他，说他英俊潇洒、有勇有谋，是整个西双版纳的佼佼者，甚至有人说，他年轻有为，是当召片领的好材料，说不定以后可以当召片领等等。但召存信对送礼的人都一一谢绝了，叫他们把礼品带回去；对那些恭维他、吹捧他的人，进行了严厉的批评。他虽然两袖清风，但他乐意，心里也踏实。

究竟该为老百姓做些什么事情，老百姓究竟需要他帮助解决什么问题呢？召存信想，要想做到这一点，就要到百姓中间去体察民情。于是他带着帕雅曼晒龙、帕雅曼安和一两名侍从，开始到各村寨了解社会情况：百姓在想些什么，百姓的困难是什么。他走了 20 多个村寨，既与头人交谈，也从黎民百姓那里了解情况，有时他把帕雅曼晒龙、帕雅曼安丢在一边，只带侍从去民间了解情况。

通过实地调查，召存信了解到：勐捧虽然自然条件好，但由于捐税过重，老百姓生活十分困难。捐税一是来自土司、头人方面的，有门户捐、人头捐、土地捐等，而且从上到下层层加码；二是国民党政府方面的，如大烟税、兵役捐、“积谷费”、市场税等。国民党镇越县（今勐腊县）政府还借“抗战”“打日本”之名，把购买枪支、弹药、马匹，甚至是军队和县常备队的给养全部摊派到老百姓的头上，而且随意性很强，随时要增收，随时要派夫派粮、抓壮丁等。无论是土司、头人方面的捐税，还是国民党方面的捐税，派来征收的人员，都要向各村寨老百姓收取走路费、马脚费等，一户合计大洋 400 至 5100 元，弄得老百姓连腰杆都直不起来。不少人由于缴不起捐税，被逼得跳河、上吊、服毒自杀，甚至有的是全家服毒自杀，真是惨不忍睹呀！

召存信看到这种情景，心里很难过，他作为一勐之主，作为全勐百姓的“波咪”（父母），他没有把工作做好，使老百姓受了那么多的苦，吃了那么多的亏。他想，要让老百姓逐渐喘过气来，并不断改善生产、生活条件，首先是要减轻他们的负担。他决定把各种捐税统统砍去一半；严禁派去收税的人员向老百姓收取走路费、马脚费、茶水费；严禁各级头人对捐税层层加码，否则严惩不贷。他也考虑到，减轻农民负担必然触犯国民党镇越县政府和各级头人的利益，他们是会千方百计加以阻挠和反对的，甚至还会引起“狗急跳墙”，使他的生命安全受到严重威胁。但为了全勐的老百姓，他顾不了这些了。

他准备把这个想法交给勐议事庭讨论。勐议事庭开会，召勐（土司）一般是不参加的，议事庭讨论通过的事项，由勐议事庭长“召贯”向召勐汇报。若召勐同意，即批给议事庭执行；若召勐不同意，即打回议事庭重议。同样，召勐决定的事，如果议事庭不同意，也可以请召勐再三考虑，最后由召勐定夺。由于减轻负担是一件大事，它触及到许多头人、国民党官员的利益，弄不好会得罪许多人，因此召存信决定破例参加议事庭会议，听听头人们的意见，再逐步引导他们同意减轻负担。

一天早晨，当勐捧坝子刚刚天亮的时候，议事庭的大鼓就响了 12 声，议事庭的 25 位官员就整齐地赶到议事庭开会，因为鼓声就是命令。头人们都按照官职大小排的座位坐下，等待着议事庭长召贯发话。

“各位头人，这是召勐亲自召开的会议，召勐一会儿就来。”召贯说。

大家一听是召勐亲自召开的会议，心情一时紧张起来，面面相觑，以为是出了什么大事。

一会儿，身着西装、系着领带的召存信步入了议事庭，官员们一一向他作揖问候，他也微笑着向大家表示问候。接着，他落座在议事庭正中的庭长位子上，而庭长召贯则坐在他右边另设的一个位子上。

召存信坐下后，先用慈祥的目光扫了扫各位头人，然后严肃地说：“各位头人，今天把大家召集到议事庭里来，是想和大家商量商量关于减轻老百姓负担的问题，希望得到大家的支持。”召存信说到这里，头人们面面相觑，但都不说话。

接着，他介绍了他走访20多个村寨所看到、听到的情况。他说，由于捐税过重，弄得民不聊生，百姓敢怒而不敢言，许多人被迫自尽。老百姓这样穷下去，对全勐、对头人都是不利的。老百姓穷，头人也跟着穷，全勐的经济、文化也就发展不起来，一旦日本人打进来，或者遇到自然灾害，我们就没有什么抵抗能力了。为了改变这种状况，首先要减轻老百姓的负担，让他们有个休养生息的机会，在此基础上，不断改善生产、生活条件。“我的想法是，各种捐税统统减半征收；严禁各级头人对捐税层层加码；严禁派去收捐税的人员向老百姓收取走路费、马脚费、茶水费等，大家看看这样做行不行？”

议事庭里鸦雀无声，几乎针落到地上也能听见，既没有人反对，也没有人赞成，每个人的表情都十分严肃。总头人帕雅诰刀立仁听召存信说要减轻农民负担，异常气愤，这样，他的收入就要减少一半了，这不是用绳索来勒他的脖子吗？他想提出反对意见，可是又找不到适当的理由，因为召存信说的话句句在理呀，老百姓的负担确实很重。召存信要减轻农民负担，不仅头人们要减少一半的收入，他当召勐的也不例外呀，而且他损失的还会更多。如果减轻农民负担，头人能富起来吗？只有用老百姓的穷，才能换来头人的富，在他看来，没有穷就不存在富了。因此，减轻农民负担一定搞不得，召存信的计划实施不得。有什么办法呢？联合国民党，把他赶走，因为召存信实行减轻农民负担，不仅损害他和头人们的利益，也损害国民党官员们的利益。但在议事庭里，他还是不说话为好。

召存信见大家不说话，就说：“既然大家没有异议，就执行吧！”接着，他宣布了减轻农民负担的具体数字，由召贯及各村寨的头人监督执行，并将执行的情况每 10 天向他报告一次，然后就宣布散会了。

风　波

召存信关于减轻百姓负担的决定，深受勐捧老百姓的欢迎。消息传出去后，各村寨的父老乡亲都很激动，纷纷选派德高望重的老人带着蜡条、干槟榔串、水果等礼品，到司署里拜见召存信，感谢他把百姓看成自己的父母、兄弟、姐妹，做出了减轻其负担的决定。

“召呀，您这一决定可救了我们百姓的命了！”一个扎着白头巾，上着白色无领对襟上衣，下着大腰身的黑色长管裤的老人说。

“召呀，您的心像金子一样发光，像宝石一样发亮，您处处为我们排勐[3]着想呀！”一个扎着小发髻、头发全白的老头子说。

开始时，老人们一见召存信就纷纷跪下、作揖，召存信把他们扶起来，并叫下人给老人们倒水、斟酒，还拿来了槟榔盒，请他们嚼槟榔。

老人们还带来了煮熟的雏鸡、盐巴、春盐棒、芭蕉、白棉线等拴线用品，分别为召存信夫妇拴了线，祝福他们大富大贵，“在家百事如意，出门遇好人”，“当好百姓的父母”。

召存信关于减轻老百姓负担的决定，激怒了以帕雅诰刀立仁为首的大头人和国民党镇越县政府的官员们。因为这一决定一实施，他们的收入就要减少一半，他们的发财梦就会受到影响。共同的利益促使他们勾结起来，一起把矛头对准召存信，非把他置于死地或赶出勐捧不可。

1942 年 11 月，刀立仁用 3 万元银币买通了滇黔绥靖公署暂编第一大队二营副营长龚廉。他长着一脸络腮胡，是个十分狡诈的人。他对手下的人说：“一定要活捉召存信，把他一刀一刀砍死。”

一天夜里，天上没有月亮，只有一些暗淡无光的星星挂在空中，若是不点火把，外面伸手不见五指。龚廉率领一个连的一百多名士兵悄悄地包围了土司司署。

当龚廉手下的人还来不及摸上楼的时候，帕雅曼安带着寨里的20多名青年人，让他们埋伏在距土司司署300多米的地方，做好接应的准备。自己带上两个青年人，悄悄地摸上了司署楼，摇醒了酣睡中的召存信和他的爱妻孟喃罕凤。

“尊敬的召孟翁罕，有人要加害于您，他们收买了一个连的国民党兵，他们已把司署团团围住，现在出是出不去了。”帕雅曼安紧张地说。他知道召存信是个难得的召勐，他时时处处都在为勐捧的老百姓着想，因此，他一定设法把这个好召勐保护住。

“反正在这里等着也是死，不如冲出去，和他们拼个鱼死网破，帕雅曼安，你是个好人，你就帮助我安顿好孟喃罕凤吧！”

召存信立即从墙上取下手枪和子弹带，并把子弹推上了膛，准备冲出去拼个你死我活。

“不，那太危险了，那些打手是只认钱不认人的。”帕雅曼安说到这里，好像想起了什么。“召孟翁罕呀，下官想起来了，老召勐捧活着的时候，曾叫下官带上几个人在楼下挖过洞，一是防空，二是预防不测，这个洞别人都不知道，现在用谷仓盖着，您到洞里躲一躲吧。”

“没有什么，只要安全就行了。”召存信说罢，转身对妻子说：“走吧，罕凤，我们去洞里躲一躲。”

召存信带着手枪，携爱妻跟着帕雅曼安到了楼下。

帕雅曼安和两个青年人推开谷仓，把召存信夫妇藏在洞里，又把谷仓推回来把洞口盖住，在别人看来，连一点痕迹都没有。

龚廉带上十几个兵，气势汹汹地登上了土司楼，他们把每一间卧室全都查遍了，也找不到召存信夫妇的影子。

“怎么，溜走了？快追！”手提驳壳枪的龚廉命令道。

国民党兵们在龚廉的指挥下，兵分三路，一路沿南腊河下游追，防止召存信夫妇沿南腊河乘船而下到澜沧江口，再从那里沿澜沧江逆流而上到景帕钪；一路沿着勐捧至勐腊的小路上追，防止召存信夫妇从勐捧骑马到勐腊，躲到勐腊土司司署里；一路从勐捧至勐醒的小路上追，防止召存信夫妇从小路上逃到勐醒，再从勐醒沿小路逃回景董。龚廉说：“谁抓到召存信夫妇，赏大洋3000元！”

地洞里，确实阴暗、潮湿，召存信夫妇进洞以后，黑漆漆的，什么也看不见。召存信担心洞里有蛇、蜈蚣之类，一旦被它们咬着，可不得了。于是他用脚到处踩，希望能把蛇、蜈蚣踩死。由于洞里伸手不见五指，他只好用手扶着洞壁走，走一步使劲踩三次，好让那些小动物死在自己的脚下。当他走了几步之后，他的手就在洞壁上摸到了一条软软的、肉乎乎的东西，他警觉到这是一条蛇，吓了一跳。他知道，蛇一旦被惊动，是会咬人的。于是他立即抓起它的腰往洞壁上用劲摔了十几下，直到把它摔死为止。

“夫君，您在搞什么？”孟喃罕凤听到响声便问。

“罕凤妹，别怕，我摸到了一条蛇。”召存信回答说。

“什么，蛇？”孟喃罕凤听见是蛇，惊叫了一声，她从小就害怕蛇，一见蛇就心惊胆战。

“别怕，我已经把它摔死了。”召存信悄悄地说，“罕凤妹，别出声，不然那些打手听见了，就有杀身之祸。”

“夫君，快抱住我，我害怕极了！”孟喃罕凤边说身体就颤抖了起来，上牙、下牙之间也好像在不停地打颤、磕碰。

召存信又攀着洞壁来到爱妻身边，把她紧紧地搂在怀里。

龚廉带着手下的人走了以后，帕雅曼安担心这些国民党兵会返回来守在司署里不走，召存信夫妇在楼下的土洞里不但没吃、没喝的，而且还会有被洞里的蛇蝎、蜈蚣咬伤的危险。于是他和那两个年轻人把仓库推开，请召存信夫妇爬上来。

接着，帕雅曼安叫那两个年轻人把埋伏在外面的20多名青年人叫进来，召存信打开大木箱，把手枪、卡宾枪、火药枪等发给大家。

召存信带着20多名青年人向曼安方向的山洞里撤退。孟喃罕凤走不动，被两个青年人轮流背着走，帕雅曼安要背召存信，召存信不让他背，坚持要自己走。

他们刚刚走到曼安佛寺，就被龚廉亲自率领的一个排的兵力包围住了。

在佛寺里，召存信沉着地指挥青年们守住佛寺的四周，待敌人走近了再开火。他分配任务后，便向佛祖恭恭敬敬地跪拜，祈祷说："佛祖呀佛祖，现在我遭到了不幸，刀立仁勾结国民党兵要杀我，我请求佛祖保佑我和爱妻的安全，保佑我打败敌人，保佑勐捧的老百姓平安无事……"

敌人一步步逼近了佛寺，待他们摸到距佛寺只有十几米远的地方时，召存信即命令开枪。一刹那间，子弹像雨点般向敌人扫去，一个又一个敌人中弹倒下，受了伤而没有死的人"哎哟，哎哟"地哼着，在地上打滚。龚廉正准备向召存信射击,召存信手下的一个青年瞄准龚廉射击,射中了他的嘴巴,牙齿几乎被打掉,他疼痛难熬,浑身是血。

这时，蓦然间雷声大作，电光闪闪，瓢泼大雨降了下来。龚廉看到手下有 10 多人死伤，只剩 20 多人，感到要在这一天夜里活捉召存信已不可能了，只好捂着受伤而流血不止的嘴巴，悄悄地溜走了。

敌人撤退以后，为了避免这伙人的反扑，召存信率领帕雅曼安及手下的 20 多名青年退到勐润，隐蔽在深山密林的山洞里。勐捧、勐润的群众知晓后，主动地给他们送来了吃的、喝的东西和衣服、被褥等，并派人去景帕钪向召片领刀栋梁做了汇报。

刀栋梁虽然知道召存信减轻老百姓负担的做法是对的，刀立仁等人的做法是错误的，但刀立仁是勐捧本地人，势力大，他与国民党军队相勾结，情况就复杂了。召存信是外勐的人，虽然是召勐，但他担任召勐的时间不长，势单力薄，无法打败刀立仁等人。

刀栋梁明知刀立仁不对，但为了保持地方稳定，一方面通过镇越县县长做调解工作，另一方面准备通过议事庭免去召存信勐捧土司的职务，把他调到景洪，担任曼听办事处主任，重新任命一个勐捧土司。可是这些工作他还来不及做，只给镇越县县长写了一封信，就病故了。

1943 年 12 月初，国民党云南省政府任命海季洲为镇越县县长。海季洲上任后，为了稳定人心，他派专人到勐润请召存信下山，在继续担任勐捧土司的同时，兼任勐捧镇镇长。海季洲把召存信和刀立仁请到镇越县政府所在地易武，亲自为他们做调解工作。他说，召存信提出为老百姓减轻负担是合情合理的，刀立仁不应当在背后搞鬼，收买人加害于召存信。刀立仁当着县长的面，毕恭毕敬地向召存信赔了罪，并表示今后不再反对召存信，若违背自己的诺言，就让他下地狱“摩木纳洪”。

事情虽然平息下来了，但召存信感到平静中潜伏着灾难，刀立仁一伙虽然表面上向他赔了罪，但这种人是绝不会善罢甘休的，一旦有机会就会进行报复。于是他给爱妻的大舅刀栋刚写信，要求到景帕钪工作。经刀栋刚同意，召存信和爱妻于 1944 年 3 月来到景帕钪，被安排在曼听办事处当主任。

国民党监狱里的“囚犯”

曼听办事处坐落在曼听佛寺的右侧“春欢”（灵魂之园）里，是一幢新盖的瓦顶木楼。办事处有二十多人，其中有头人，也有虽未当头人，但精通傣汉两种语言文字，在老百姓中颇有影响的人。

曼听办事处是刀栋梁下令于1942年设立的，负责车里、佛海、南峤、镇越县政府及国民党驻西双版纳的中央军93师、参谋团的联络工作，并为国民党军政人员派粮、派夫、征兵等。办事处所在的曼听村，距车里县政府驻地仅2公里，距召片领司署所在地也不远，虽然中间有一条流沙河相隔，但河上搭有竹桥，来往于两地之间较方便。

召存信是1944年4月到办事处工作的，这时，老召片领刀栋梁已去世10个月，新任的召片领刀世勋刚上任两个月。在去办事处工作之前，他的好友召龙纳嘎就提醒他：国民党的许多官员是很不讲理的，除了正常的派粮、派款、派夫以外，还要随时加码，增大数额，把购买枪支、弹药、马匹的费用全部转嫁到老百姓的头上，他们随时增加的数额，要比计划内的数额多出许多倍。在他担任召龙纳嘎之前，就曾经担任过曼听办事处主任。一次，计划内的粮、款已交给国民党军队，但他们嫌不够，又加派50匹马、100支步枪、10挺机枪的钱。他气坏了，坚决抵制，就被抓去关在大牢里。他原先是国民党重点培养的人，先后被送到昆明、南京求学，当过县长助理，后来他发现国民党太腐败、太不得人心，就和他们分道扬镳了。召龙纳嘎真心实意地提醒朋友说："召小弟，要小心，前车之鉴要吸取，别让那些没心没肝的人给吃了！"朋友的话是发自内心的，他可得小心啊！

召存信上任后，除做好召片领司署、议事庭与国民党县政府之间的联络工作以外，每月甚至每周都给县政府、93师、参谋团派粮、派款、派夫。有时国民党方面叫临时增加粮、款数目，增派杂役，只要对老百姓的生产、生活影响不太大，他虽然心里有气也给派了。但如果遇到农忙季节叫他增派工差，他就坚决抵制不给派，这就得罪了国民党的官员们，他们准备寻找机会收拾他，叫他服服帖帖地听从他们的指使。

那年7月，正是西双版纳的农忙季节，各家各户正忙于播种、栽秧。掌握农时对农民来说是至关重要的，误了农时，粮食就会减产。一天早上，国民党的一个禁烟委员骑着马，气势汹汹地来到曼听办事处，叫召存信为他增派50个民工，时间是30天。

"现在正是农忙季节，家家户户都在忙着种田，计划内的工差已派，如果现在增派工差，谁来种田呢？老百姓没有饭吃，谁来救济呢？"召存信严肃地质问禁烟委员。

"老百姓种田的事，有没有饭吃的问题是私事、小事，这样的小事怎能影响党国的大事呢？"禁烟委员说。

"民以食为天，老百姓没有饭吃就会出大乱子，禁烟委员先生，让老百姓种好田，吃饱肚子，不出乱子，怎么能说不是党国大事呢？”召存信据理反驳，毫不让步。

“你不要强词夺理，召存信，我问你，你到底给我派工差还是不派？”禁烟委员声色俱厉地说。

“我不是说不派，而是说等农忙过后再派，你不要把我的意思误解了！”召存信毫不示弱地说。

“好呀，你狗胆包天，胆敢违抗上峰的指令，这就是破坏抗战，反对党国！”禁烟委员说罢，吹胡瞪眼地跨上马背，挥鞭而去。

禁烟委员走后，办事处的人都为召存信捏着一把汗，劝他赶快去避一避，说过去办事处的人因为抵制国民党加派粮款、工差，被抓去捆绑吊打、蹲大牢的不少，召龙纳嘎就是其中之一。

“不，我不能走，因为我没有做错什么，也没有说错一句话，我这样做，维护的是‘三民主义’，维护的是党国的利益。我不走，要抓要杀随他们的便吧！”召存信严肃地说。

约摸半个钟头以后，禁烟委员就带着20多名车里县常备队员，威风凛凛地来到曼听办事处，把召存信五花大绑起来，架在马背上带走了。

召存信被国民党车里县常备队抓走的事，很快就由办事处派人到景帕钪向代理宣慰使刀栋刚汇报。刀栋刚把召龙纳嘎、刀光强等头人叫到司署来，研究如何营救召存信出狱的问题。最后决定，由召龙纳嘎、刀光强等头人、亲友作保，由召龙纳嘎亲自去与县长交涉，3 天后才把召存信从监狱里救了出来。

虽然出狱了，但召存信的心理却罩上了一层层的民族压迫、民族歧视的阴影。心想，西双版纳的召片领，从元朝以来一直被中国朝廷认定为正三品官，而国民党的车、佛、南、镇等县的县长，仅仅是七品芝麻官，却敢在三品官的头上拉屎拉尿，国民党推行的是什么样的民族政策？沿着这样的路走下去，各少数民族是不会有什么前途的。要怎样才能改变这种状况呢？他在思索，但百思不得其解。

召存信出任议事庭庭长

驻西双版纳的国民党参谋团知道宣慰司署和车里县长李毓芳已决定让刀栋材担任宣慰使，并已派出召龙纳章等人专程去勐混迎接刀栋材，异常生气，立即派人去景帕钪找召龙诰哈迪雅翁和刀学林，指责议事庭草率从事，匆忙做出决定，叫议事庭重新研究，让刀世勋回来当宣慰使，理由有两条：刀世勋是刀栋梁的义子，是车里宣慰使合法的继承人，并已为社会所公认；为了使他能胜任宣慰使的职务，党国已付出了代价。原决定要立即废除。

参谋团的头目卓献书，不仅是驻西双版纳的国民党参谋团的团长，而且也是国民党驻暹罗地区特派专员公署的专员，他是直接向国民党的特务头子戴笠报告工作的要员。他找到召龙诰哈迪雅翁，责令议事庭于 × 月 × 日上午重新开会研究宣慰使人选的问题，届时他将列席旁听。

这天早晨，天刚蒙蒙亮，人们还在酣睡，议事庭的大鼓就响了，而且连续响了7声。议事庭的大头人们听到鼓声，就赶到议事庭开会。只见荷枪实弹的国民党兵三步一岗五步一哨地把议事庭团团围住。大家心里都在想，今天一定是重新研究召片领人选的问题，如果不按参谋团的意见办，谁也别想走出议事庭的大门。

头人们走入议事庭后，依官职的大小坐在两边，先是“四大卡贞”“八大卡贞”，下面是各勐土司的代理人。由于新的召景哈还没有选出来，他的位子仍空着。

头人们到齐以后，卓献书就大摇大摆地走进了议事庭，坐在召龙诰哈迪雅翁对面的那个空位上，即议事庭长的位子，他板着面孔，只向头人们点了点头。

会议由召龙诰哈迪雅翁主持，他说：“各位大头人、各勐土司的代表，今天把大家召集来开会，是要重新研究召片领人选的问题。原先我们考虑不周，以为召孟罕勒年纪还小，而且还在很远很远的汉族地方读书，就让召孟腊（刀栋材）当召片领，等到召孟罕勒从汉族地方学成归来，再让他当也不迟。后来卓专员提醒我们：召孟罕勒是召片领法定的继承人，是不能改变的，应当请他回来当召片领；国民政府把召孟罕勒送到内地读书，是费了九牛二虎之力的，当时召片领召孟苏宛纳帕钪及一些议事庭官员都不同意，是参谋团悄悄地把他‘偷’走的。国民政府之所以下这样大的决心，为的是让召孟罕勒学到更多的知识，把召片领当好，把西双版纳治理好。现在大家讨论讨论吧，看同意不同意卓专员的意见。”他对卓献书说：“卓专员，我说得不清楚，您再说说吧！”

卓献书着一身笔挺的黄呢子军装，腰挎着手枪，“青天白日”的帽徽方方正正地镶在他的军帽上，鼻梁上还架着一副金边眼镜。他端端正正地坐着，显得威严、傲慢，不可一世。他说：“我是来列席旁听的，没有权利发表意见，我要说的召龙诰哈迪雅翁已经说了，我就不再重复了，请各位头人慎重考虑、认真研究！”

参会的大头人们看看窗外戒备森严的气氛，感到情况十分不妙。本来大家对召孟罕勒当召片领就没有什么意见，只是因为他年纪还小，而且还在遥远的汉族地方读书，才决定让召孟腊当召片领的。既然卓专员是上头派来的，中央早就有意让召孟罕勒当召片领，自己何必去找什么麻烦呢！于是大家都说：卓专员说得很对，应当把召孟罕勒请回来当召片领。

经过充分讨论，头人们的意见得到了高度统一。会议决定：由议事庭起草两份文件，一是给云南省政府龙云主席写报告，要求他同意刀世勋为车里宣慰司宣慰使，并颁发委任状；二是给正在重庆中正中学读书的刀世勋写信，请他回来担任宣慰使。报告和信件原文是傣文，由参谋团把它译成汉文，并用电报分别发给龙云主席和刀世勋先生。

在重庆读书的刀世勋接到电报以后，知道他的大伯、义父刀栋梁已病逝，心情极为悲痛。他在国民党军方的协助下，于1943年12月中旬乘军用飞机回到勐海，又从勐海骑马回到景洪。由于军方严加保密，他回到景洪的消息，不但勐海、勐混方面的头人、百姓一点也不知道，就连国民党93师、佛海县政府也一无所知。

1944年2月初，云南省政府批准了车里宣慰司议事庭的报告，龙云主席以昆明行营的名义委任刀世勋为车里宣慰司宣慰使。2月底，议事庭为刀世勋举行了隆重的就职仪式。

刀世勋担任召片领时，年仅16岁，由于他学业未完，执政4个月后又回重庆读书去了，召片领一职仍由刀栋刚代理。

刀世勋回重庆以后，约1944年7月，经议事庭研究决定，任命召存信为议事庭庭长“召景哈”，报请代理召片领刀栋刚批准。刀栋刚说，他是同意让召存信当召景哈的，但他没有权力任命，因为他只是个“代理”，真正的召片领在重庆读书，“就让召孟翁罕先干着，以后再请召孟罕勒任命吧！”召存信就这样当上了议事庭庭长召景哈。“召景哈”是傣语官名，“召”为主、王，“景哈”是坐落在勐罕澜沧江边、与勐罕隔江相望的一个地方，“召景哈”原为食邑景哈的土司。后来因为召景哈对宣慰司署有功，故提拔其为议事庭庭长。召存信担任的召景哈，已不食邑景哈了。召景哈在西双版纳是个极为重要的官职，相当于一个小国议会的议长。

西双版纳召片领司署的议事庭，有人说它和英国内阁一样，兼有议事、立法和执行的功能。它的主要职责是：决定召片领、各勐“召勐”（土司）继承人的人选；任命议事庭管理的各级头人；决定西双版纳战争与和平、社会改革等大事；颁布西双版纳的法律等。庭长由召景哈担任，副庭长由召龙诰哈迪雅翁担任。在西双版纳处在危难之际，在这多事之秋，召存信接受了议事庭的这一决定。

多数头人认为，召存信出任召景哈是十分合适的，因为他年富力强，通晓傣、汉两种文字，又当过土司，为人厚道，办事公正，是个可以信赖的人。

刀当强突然失踪

由于刀栋刚没有文化，司署里的大小事情，议事庭里事无巨细都要找召存信。况且在那个动荡的年代，国民党政府、军队里有关派粮、派款、派壮丁和派公差的事又复杂多变。但无论事情多么复杂、烦琐，召存信总是努力去办。还有，议事庭里的大多数头人，年龄都比他大，而且都是正宗的“皇亲国戚”，他都得尊重他们，小心翼翼地办事，千万不能得罪他们。他没有什么苛求，只希望召片领能够给他一个正式的任命。以往推举出一位议事庭长“召景哈”，先由议事庭研究、决定后，再报给召片领任命，只有经过召片领任命后议事庭长的职务才能算数。

可是，这一任命迟迟没有下。因为召存信开始担任议事庭长时，召片领刀世勋已回重庆继续上学，而代理召片领刀栋刚又说他只是代理召片领，没有任命议事庭长的权力。这样，召存信就有想法了，他猜想：按惯例，当议事庭长“召景哈”的人，都是正宗的“皇亲国戚”，是不是因为他是景董人，不是正宗的“皇亲国戚”，人家看不起他，或者是对他放心不下？或者是……他想得太多太多了。

宣慰使的任命书迟迟不下，也引起了一部分头人、百姓的议论。有一小部分头人说召片领之所以没有正式任命召存信为“召景哈”，“自有他的道理，因为他不是景帕钪的人嘛！”召存信对这些议论也有所耳闻。但他不管这些，他相信宣慰使刀世勋是不会这样想的，因为刀世勋在几千里外的重庆读书，又没有带着公章，怎么下任命书呢？他也相信议事庭的大头人和各勐土司，因为他们相信他，才把他推举为“召景哈”的。

然而，他不可理解的是，他虽然是地位显赫的召景哈，名字排在四大卡贞、八大卡贞之首，但他的俸禄却远远比不上名字排在四大卡贞第二位的召龙诰哈迪雅翁和排在第三位的怀郎曼洪。别的不说，就说实物俸禄谷子吧，召龙诰哈迪雅翁年收谷子 3700 挑（每挑为 100 斤），排在第三位的怀朗曼洪刀学林，年收实物俸禄 1850 挑谷子，而他仅有 1200 挑，这不是欺人太甚吗？尽管他在许多方面想不通，但还是埋头工作，任劳任怨，以实际行动来证明自己的价值以及对人民的热爱。

还有，参谋团也好像对他放心不下，无论他到哪里，总能看到参谋团军官们的影子，特别是他爱妻的姐夫蔡副官，总是对他特别亲近，他们这样做，是想利用他，还是对他放心不下？

抗日战争胜利以后，蒋介石加速了对共产党领导的解放区的进攻，妄图在短期内消灭共产党领导的人民军队。国共两党的矛盾，国民党与各民主党派、无党派民主人士和全国革命群众的矛盾日益尖锐、突出。在西双版纳，国民党 93 师的“在乡军人”活动日益猖獗，他们凭着手中有精良的武器，自己又有打仗经验，就兴风作浪，胡作非为，强奸、霸占民女，抢劫财物，横行乡里，迫害爱国民主人士。

1946 年 1 月，景帕钪出现了一件震惊整个西双版纳的怪事——召存信的好友、召存信与孟喃罕凤的结婚介绍人、宣慰司署议事庭八大卡贞之一的召龙纳嘎（刀当强），在一天夜里突然失踪了。

那天夜里，国民党车里县政府在景帕钪设立的小学举行联欢晚会，邀请刀当强去参加。那天他喝得很多，刚刚回到家里躺下，就有人来叫他出去，他这一去就再也没有回来。有人说，那天傍晚突然间狂风大作，宣慰街街头有一棵 4 人合抱的老菩提树被连根拔起。大家都感到很奇怪。

翌日，刀当强的妻子喃丙罕发现丈夫不在身边，急忙告诉丈夫的堂兄刀光强。刀光强先安慰弟媳不要着急，然后派人到亲戚，朋友家挨家挨户去找，又派人到刀当强平时喜欢去的人家去找，都没有找到，他只好向大伯父召龙诰报告。

召龙诰哈迪雅翁听说自己的亲侄儿、义子刀当强突然间失踪了，急得手足无措，说不出话来，眼眶里盈满了泪水。过了好长时间，他才镇静下来，立即从各村寨抽出100多人分头到森林里、澜沧江沿岸去找，找了一个多月也没有结果，死不见尸，活不见人。刀当强年仅20多岁的爱妻喃丙罕，抱着刚满两周岁的儿子召温帮（刀新安），哭得晕了过去。

刀当强的突然失踪，震惊了整个西双版纳。有人说，他的失踪与国民党特务组织有关，因为他是国民党重点培养的人，曾被送到南京读书，但他回到西双版纳以后，不愿意为国民党反动派卖命，而且在许多方面与国民党当局和军队的头头脑脑分庭抗礼，得罪了那些人，于是就……有人说他的失踪与封建领主集团内部争权夺利的斗争有关，因为他有知识、有文化，升官升得太快了，20多岁就成为八大卡贞之一的召龙纳嘎，而那些资历比他深的人还排在他的后面呢，这能不叫人家妒嫉而从中作祟吗？……无论怎么说，都说明当时西双版纳的斗争是尖锐复杂的。

刀当强的失踪，使召有信失去了一位知心的挚友，他非常难过。同时也使他警觉到当前的斗争是十分尖锐的，不可掉以轻心。

委任状被老鼠咬了

抗日战争胜利以后，中正中学即从重庆迁回南京，刀世勋和同学们一道，转到南京中正中学本校读书。

1947 年 7 月，由于思念父亲和其他亲属，思念生他养他又受他管辖的家乡——西双版纳，刀世勋从南京返回西双版纳探亲、执政。他来到昆明时，由于从昆明到景洪没有公路，沿途土匪猖獗，拦路抢劫、谋财害命的事件频频发生。为了安全，他只好乘汽车沿滇缅公路到缅甸，再从缅甸回西双版纳。

由于在途中滞留的时间太长，10 月份刀世勋才回到景帕钪。

刀世勋回到宣慰使司署后，便开始履行召片领的职权，召存信、召龙诰哈迪雅翁等议事庭的大臣、头人积极向他报告情况，包括老百姓的生产生活情况、社会治安情况、宗教信仰情况、议事庭与国民党车里、佛海、南峤、镇越、象明、六顺、宁江七个县政府的关系，与 93 师“在乡军人”和参谋团的关系。他们还汇报说：最近在佛海、澜沧、宁江和车里交界地区，出现了一股以刘昆府为首的反蒋武装，这股武装只反对国民党，不反对土司头人。因为刀世勋刚回来，对大臣、头人们反映的问题只是听，不表态。

几天后，刀世勋对召存信等大臣、头人说，他想看看 1944 年省政府龙云主席以昆明行营的名义颁发给他的委任状。

那时,大权在握的大臣召龙诰哈迪雅翁也在场,他说:“秉报松溜帕宾召,委任状由臣保管,臣立即回家去拿。”

召龙诰哈迪雅翁是刀世勋母亲的义父,刀世勋的母亲是由他养大的,也就是说,召龙诰哈迪雅翁是刀世勋的外公。尽管有这层关系,因为刀世勋是君主,而召龙诰哈迪雅翁是臣,君臣之间泾渭分明。

召龙诰哈迪雅翁的家在曼控章,距召片领司署只有几百米远。回到家后,他赶紧找钥匙打开那个存放龙云主席颁发给刀世勋委任状的木箱子寻找起来。

委任状很快就找到了,可是把它展开一看,他一下子就吓呆了。因为委任状中,龙云主席写的“兹任命刀世勋先生为车里宣慰司宣慰使”17 个汉字中,偏偏“世勋”两个字被老鼠咬掉了。这是关键性的两个字呀。

召龙诰哈迪雅翁一遍又一遍地查看箱子,他双手颤抖着,额头上、身上沁满了汗水。老鼠是从哪里钻进箱子的呢?他左查右查也查不出箱子被老鼠咬坏的地方,甚至连一点老鼠牙印也没有。这就奇怪了,箱子锁得好好的,老鼠是从哪里钻进去的呢?

他越想越害怕,因为如果箱子上有被老鼠咬坏的地方,可以说委任状是被老鼠咬的,他没有保管好,是他渎职,顶多罚罚款就行了。可是箱子上不仅没有老鼠洞,而且连一个老鼠牙印也没有,怎么能证明委任状是被老鼠咬坏的呢？搞不好人家会以为他有野心，故意搞的鬼，妄想夺取召片领的大权，况且社会上还有许多对他抱有成见、憎恨他和喜欢妖言惑众的人，万一他们在背后捣鬼，万一召片领听信了他们的谗言，那么他就完了，轻则要被罚款，重则要掉脑袋。万一他真的被杀头，财产被没收，他的妻妾、儿女由谁来抚养呢？

召龙诰哈迪雅翁想得很多很多，他知道，尽管刀世勋是自己义女的儿子，是他的外孙，但刀世勋是西双版纳的“召”，是这地方的君主、至高无上的统治者，他手中握有生杀予夺的大权，他什么时候想杀你就可以杀你，无论你是他的什么亲人，都无一例外。有人说：“伴君如伴虎”，“君要臣死，臣不能不死”，此话一点也不假，于是他越想越害怕，越害怕越睡不着觉，几天后，他就病倒了。

召存信知道这件事后，先赶到召龙诰哈迪雅翁家里，安慰他，叫他不要着急，要安心养病，以便早日康复。他说：“召龙诰大叔，你别急，一切由我去斡旋，最后给你个满意的答复。”

召龙诰哈迪雅翁拉着召存信的手，感激地说：“谢谢你，召景哈侄儿！谢谢你的真诚帮助和理解！”

召存信和召龙诰哈迪雅翁，论辈数，前者是后者的晚辈，年纪相差30多岁；论官职，他俩均为“四大卡贞”中的头两位，召存信的名字排在第一位，是议事庭庭长，召龙诰哈迪雅翁排在第二位，是总理大臣，议事庭副庭长；论权势和俸禄，因为召龙诰哈迪雅翁管的是行政、财政和税收，因此权力比召存信大得多，俸禄也比召存信多得多，其权势仅次于召片领；论私人关系，召存信的夫人刀美英称召龙诰哈迪雅翁为“舅父”，召龙诰哈迪雅翁是召存信的好友、拜把兄弟刀当强的大伯父、义父，他们之间来往密切，感情很好。现在召龙诰哈迪雅翁遇到了特殊的难题，召存信当然是不会袖手旁观的。

召存信从召龙诰哈迪雅翁家出来后，就带了几个侍从策马到勐罕，去拜访勐罕土司、他夫人刀美英的六舅父刀栋庭，即刀世勋的父亲。

刀栋庭个子不高，比召存信整整矮了一个头，年纪也比召存信大近 30 岁。他见到召存信来找他，说：“侄婿风尘仆仆而来,想必是有什么要事要告诉你舅父的吧？”

“舅父，想必您已知道，关于您长子召孟罕勒委任状的事，召龙诰哈迪雅翁为此已经病倒了，我们要帮帮他呀！”召存信以请求的口吻说。

“这事舅父已经知道了。召龙诰哈迪雅翁是个没有野心的忠臣，他是我的岳父，我的前妻即召孟罕勒的母亲就是他一手拉扯大的，我了解他的为人。现在社会上议论很多，有的说他不是有意的，有的说他野心勃勃是有意这样干的，后面的这种说法我不相信，帮助他渡过难关是我义不容辞的责任。”刀栋庭慢条斯理地说，看来他心情很沉重，也感到问题很棘手。

刀栋庭叫下人准备酒菜。他和召存信边喝酒边谈。在交谈中，他俩都认为：召龙诰哈迪雅翁是个对司署、对议事庭有功、办事公道、遇到危险能挺身而出的大臣。

经过刀栋庭以父亲的名义给刀世勋做工作，又加上召存信的多方斡旋，召龙诰哈迪雅翁认错态度好，并愿接受罚款，刀世勋终于做出了较公正的决定：对召龙诰哈迪雅翁在保存委任状方面的渎职行为不杀头、不撤职，只做象征性的罚款，以教育其他大臣和头人。这样，召龙诰哈迪雅翁主动拿出3000元银币之后，就算安然无事了，他依然做他的官。

后来，召存信以“车里宣慰司署议事庭”的名誉给省政府写报告，要求为刀世勋补发车里宣慰使的委任状。卢汉主席接到报告后，就为刀世勋补发了委任状。

接到委任状后，以召存信为首的议事庭头人和各勐土司为刀世勋举行了第二次隆重的“就职”仪式。

刀世勋回西双版纳执政8个月以后，感到自己的学业还没有完成，应当回南京中正中学继续求学。他于1948年7月底离开西双版纳，返回南京。

刀世勋在昆明滞留期间，在省参议员覃保龄先生的陪同下，到五华山拜访省政府卢汉主席。

卢汉主席听刀世勋说他要回南京读书，便说：“我是个直肠子的人，心里有什么话就直说。召孟罕勒呀，我们都是云南人，读书何必要到外省去？何况你读的是普通中学的课程。我们省里有的是中学、大学，如果你愿意留下来，想进哪个学校，请覃参议员帮办就行。现在南京那边情况不太好，你是西双版纳的宣慰使，凡事要动脑筋想一想。”

离开省政府后，刀世勋用了10多天时间考虑再三，感到卢主席说得对，于是决定留在昆明求学。可是那时已到9月中旬，各学校都已开学，要到哪个学校当插班生也不可能了，只好请人来帮助补习，等来年夏天再想办法。翌年8月，刀世勋考入云南大学先修班，1950年8月考入该校社会系就读。

刀世勋走了以后，代理召片领仍由刀栋刚担任。作为议事庭庭长的召存信，他一方面要主持好议事庭的工作，一方面要辅佐刀栋刚管理好西双版纳，并处理、协调好宣慰使司署与国民党地方政府、驻军之间的关系，担子可不轻啊！

初识鲁文聪

抗战胜利以后，三百多名国民党93师“在乡军人”在西双版纳胡作非为，给各族人民带来了无穷的灾难。1947年后，召存信认识了对国民党反动派反动政策不满、思想进步的鲁文聪，从鲁口中对共产党领导的人民解放战争有了一定的认识。1948年初，鲁文聪组建了反蒋武装，召存信也组建了车里民族自卫大队，与国民党93师“在乡军人”进行殊死的斗争，他们攻占了车里、佛海、南峤县城，接收了国民党政权。

“贺浪”横行霸道

召存信知道，为了抗日，早在1941年11月初至12月初，隶属于国民党中央军第26军的93师，在少将师长吕国铨、少将指挥官刘观龙的率领下，四万八千多名官兵分两批进入西双版纳，在这里驻防待命。

1941年12月7日，日本军队偷袭美国的珍珠港，震惊世界的太平洋战争爆发了。接着，日本侵略军占领了与中国云南接壤的缅甸的大部分领土，妄图从这个地方打开缺口，进攻中国大西南，与侵占东北、华北的日军南北夹击中国腹地，从而鲸吞全中国。在这国难当头，93师被编入中国远征军第6军，于1942年3月18日开赴缅甸景栋一带布防，抵御日本侵略者入侵。

当年四五月间，93师及其友邻部队49师、暂编第55师于景栋、毛奇一带阻击日军第18师团、第56师团的进攻。6月初，由于种种原因，93师遭到了惨重的失败，撤回西双版纳驻防。回国后，93师师部驻防佛海县城，277团驻防勐遮，278团驻防勐龙，279团驻防勐混。他们在西双版纳中缅边境一线，多次打退日本军队及其傀儡暹罗军的进攻，有力地保卫着祖国的疆土，使侵略者的魔爪没能伸进西双版纳来。

中国人民14年的浴血奋战和世界反法西斯战争的深入，终于迫使日本侵略者于1945年8月15日宣布无条件投降。9 月初，93 师奉命进入老挝万象和越南北纬 16 度以北地区接受日本侵略者投降。该师各团有一部分中下级军官和士兵不愿随部队出征（也许是国民党军队有意把他们留下来），他们经过密谋策划，趁部队不注意，悄悄地携带武器、弹药逃进深山老林里藏匿起来。这伙人有 300 多人。

不久，93 师大队人马从万象回到西双版纳，改番号为 93 旅，便开往开远一带。93 师开走之后，那些藏在深山老林里的军人便纷纷窜了出来，拉帮结伙，各霸一方，有的为了争夺地盘而相互大打出手。这些人都穿着黑色的对襟便衣，带着各种优良武器打家劫舍，横行乡里。他们勾结各地的地痞流氓欺行霸市，摆赌抽头，在山上包种罂粟，贩卖鸦片烟毒；他们对各族群众横征暴敛，敲诈勒索，抢婚霸女。凡是被他们看中的女人，无论是平民百姓的闺女，还是土司、头人的掌上明珠，无论是未婚的少女，还是别人的妻妾，都不会放过。他们烧杀抢掠，为非作歹，飞扬跋扈，连各县的国民党县太爷都无可奈何。这是一伙穷凶极恶、丧尽天良的政治土匪。西双版纳各族人民恨透了这伙匪徒，同时也怕死了他们，称这些没心没肝、作恶多端的“在乡军人”为“无法无天的匪徒”。而傣家人则把他们称为吃人肉、喝人血的“批雅”（魔鬼）、“贺两广”（两广汉人）、“贺浪”。“贺浪”意为“黑汉人”“黑心汉人”。究其原因，一是因为他们都穿着黑色的对襟上衣；二是因为他们干尽了坏事，心是黑的。只要听见“贺浪来了”，人们都谈虎色变，心惊肉跳。正在哭泣的小孩会立刻停止哭泣，吓得目瞪口呆；正在吃奶的婴儿也会停止吃奶，紧紧地扑在母亲的怀里。

为首的这些政治土匪有曾宪武、朱政、罗庚、张伟成、周蒋中、蔡真藩、林泉等人。他们都是黄埔军校的毕业生，受过专门的训练，富有打仗的经验，拥有八二炮、六〇炮、轻重机枪、各种步枪、战防枪等先进武器。他们及其手下都是广东、广西人。其中，曾宪武原为93师副营长。93师撤走后，他担任勐混乡乡长、筑路队长、自卫大队大队长等职。他手下有一百三十多人，武器精良。他以吴运瑗、何建中、蒙保烈为参谋，以林泉等为助手，在勐海、勐混一带摆赌抽头，横行霸道。

朱政原为93师副团长，该师撤走后担任南峤县警察局局长。他以林朴文等人为助手，手下的人不多，仅为二三十人，但活动能量大，主要在澜沧、缅甸大勐养一带活动。

张伟成原为93师279团中尉排长、278团中尉连副。他以苏汉熙、陈汝珍、李东岗、陈君陶、叶立祥、黄浩铭为助手，手下有一百多人，主要在景洪、勐龙、勐罕一带活动。

蔡真藩，国民党军事委员会暹罗军事专员公署副官、军委会边境视察（参谋团特务）。93师及参谋团大部分人员撤走后，他纠集国民党兵痞、93师的“在乡军人”三十多人，在景洪、勐罕一带活动。他与张伟成勾结紧密，也是张伟成的助手之一。

周蒋中，国民党军事委员会暹罗军事专员公署会计、军委会边境视察（参谋团特务）。93三师和参谋团大部分人员撤走后，他纠集国民党兵痞、93师的“在乡军人”，在易武、勐捧、勐腊一带活动，后又到景洪一带活动。其手下有一百多人，武器精良。

这些被傣族群众称为“贺浪”“贺两广”“批雅”的国民党93师“在乡军人”，对西双版纳各族群众来说，是可怕的洪水猛兽，是一群龇牙咧嘴的魑魅魍魉。

召存信与鲁文聪

1947年和1948年先后出现了以刘昆府为首的车佛南澜宁的反蒋武装和以王少和为首的反蒋武装江越支队，他们的斗争震惊了西双版纳，也震撼了召存信的心。

在车里县，以鲁文聪为首的一支反蒋武装也发展壮大起来了。

鲁文聪是普洱县凤阳区人，从小在家边耕田边读书，16岁时进入普洱中学读书。1935年，他跟随堂哥到佛海谋生，先后在私营“鸿记茶庄”当锅炉工，在省立佛海小学当过校工。后来受聘到版洛乡小学任教，并担任乡政府助理。1946年，他到车里县勐养乡经商，与宣慰使的官亲刀定国及其妹妹喃丹相识，并娶喃丹为妻。

刀定国是个有知识、思想进步的傣族爱国人士，他虽然不是勐养土司，但他的威信和影响力，远远超过勐养土司。在他的支持下，鲁文聪先后担任小学校长、乡政府助理，1947 年后担任勐养乡乡长兼自卫大队大队长。

鲁文聪担任乡长以后，接触了许多国民党的军政官员，了解到国民党反动派对全国人民的黑暗统治和腐败作风，耳闻目睹了国民党 93 师“在乡军人”横行乡里、飞扬跋扈、鱼肉百姓的罪行，对此他极为愤慨。他深知，如果不打倒国民党、蒋介石，中国就没有什么前途，人民就不能摆脱贫困、落后、愚昧、疾病，摆脱不了压迫和剥削，永远抬不起头，挺不起腰来。同时，他从来自内地的商人那里得知共产党、解放军的情况，人民解放战争的形势，对推翻国民党、蒋介石充满了信心。

召存信是 1947 年 5 月认识鲁文聪的。当时他担任宣慰司署议事庭庭长，而鲁文聪担任车里县勐养乡的乡长。国民党车里县县长和驻军、参谋团常把县内的各级头人、乡长召集到县政府开会，布置有关“防共”、征税、征粮、征兵、派夫等事宜，使他俩经常有接触、聊天的机会。鲁文聪到县里开会时，若见不到召存信，会后就专程到景帕钪拜访召存信，两人成了无话不谈的好朋友。

1947 年 11 月，原国民党 93 师留下的“贺浪”，有十几个人以种菜为名，在澜沧江中的大沙坝开设赌场，奸淫妇女，弄得乌烟瘴气。时任车里县县长的马维忠得到报告后，派县常备队于夜间划船到大沙坝，把这伙人包围起来，并收缴了这伙“在乡军人”的全部武器和赌资赌具，释放了被他们抓去玩弄的姑娘。这件事激怒了国民党参谋团留下来的人员和93师的其他“在乡军人”。宣慰司署内部有人趁机告密说：“是召景哈派去的人缴了沙坝‘贺浪’的枪。”

参谋团的周蒋中，当时已和93师“在乡军人”裹在一起，他不问青红皂白，带兵包围了召存信的家，硬逼着召存信交出被缴走的沙坝“贺浪”们的全部武器。遭到诬陷的召存信有苦难言，他交出自己花钱买来的几十支长枪、短枪后才算了事。

这件事深深刺痛了召存信的心。事后，他把这件事告诉了鲁文聪。鲁文聪告诉他：要想不被别人欺辱，自己必须是强者；自己要做一名强者，必须跟共产党走，跟国民党作斗争。

在和鲁文聪的多次交往中，召存信发现鲁文聪思想灵活，对时事政治有独到的见解，他对召存信说：以蒋介石为首的国民党反动派在“西安事变”之前，不抗日而积极反共，说什么“攘外必先安内”。“西安事变”以后，虽然在全国各族人民的强大压力之下，同意停止内战，一致抗日，但态度很消极。

召存信不知道什么叫“西安事变”，因为西双版纳地处边疆，交通闭塞，消息不灵，他没有读过有关“西安事变”的报道，他只隐隐约约地听说，蒋介石曾经被抓过，地点是在西安临潼。

“蒋介石是怎样被抓，后来又是怎样被放掉的呢？”

召存信问。

鲁文聪原原本本地把“西安事变”的经过告诉了召存信。

鲁文聪说：“抗日战争胜利以后，蒋介石妄想独吞抗战胜利果实,并组织优势兵力进攻共产党领导的解放区，妄想在短期内把共产党斩尽杀绝。可是失道者寡助，他们反共反人民的罪行遭到了全国各族人民、各界人士的强烈反对，他们一天天走向穷途末路。相反，得道者多助，共产党领导的人民解放军却日益壮大，现已取得了辽沈战役的全面胜利,淮海战役已经开始,新中国的曙光已经出现。”

鲁文聪每次讲都很激动，对革命前途充满了信心。在对待国民党反动派的看法上，他和召存信心有灵犀一点通。

在后来的几次交往中，鲁文聪告诉召存信，共产党与国民党是完全不同的：共产党主张民族平等，反对民族压迫制度，要团结全国各族人民，推翻国民党的反动统治，使各族人民在政治上一律平等。而国民党反动派恰恰相反，除了承认满族、回族、蒙古族、藏族以外，其他的少数民族一概不承认，而且实行民族压迫制度，大民族压迫少数民族。“在西双版纳就很明显，虽然汉族占少数，傣族占多数，县长属七品官，宣慰使属正三品官，可是，汉族就能统治傣族和其他少数民族，七品的汉官就可以指挥正三品的傣族宣慰使，这是民族压迫制度的具体表现。”

“这一点，我是深有体会的。我虽然是召景哈，可是我还得听从国民党车里县政府里一个小科长的指挥呢！”召存信深有感触地说，然后向鲁文聪发出了早就想问又不好问的话，“鲁乡长，我冒昧地问你一句，你是共产党员吗？”

“现在还不是，但是我是相信共产党的。”鲁文聪坚定地说。

在鲁文聪的影响下，召存信从1948年初起，与各方有识之士秘密联系，并不惜变卖家产，多方筹集资金招兵买马，购买了大量的武器弹药，于景帕钪建立了“车里民族自卫预备大队”，自任大队长，与国民党93师“在乡军人”和一切邪恶势力进行殊死的斗争。

1948年4月，刀定国、鲁文聪在基诺山订购了一批棉花，准备运到内地去卖，不料被93师的“贺浪”强占了这批棉花。这些“贺浪”还强行在勐养菜阳河流域种植罂粟。国民党车里县政府明知刀定国、鲁文聪与93师“在乡军人”有矛盾，却偏偏逼着他们去收缴“在乡军人”的烟税，以坐收渔人之利。

盘踞在车里县的93师“在乡军人”派遣李茂松等人带着武器上基诺山向刀定国、鲁文聪罚款3000元银元，因此激怒了鲁文聪。在忍无可忍的情况下，鲁文聪派部下李龙等人上基诺山，把有恃无恐的李茂松击毙了，并缴获鸦片数千两，马匹、枪支若干。93师“在乡军人”得知此消息后大怒，扬言要“打过澜沧江，对勐养要烧光、杀光、抢光，凡是卵子有黄豆一样大的人全要过刀！”

从此，鲁文聪、刀定国与国民党93师“在乡军人”的矛盾已经明朗化、尖锐化，如同一堆浇上了汽油的干柴，只要划一根火柴，熊熊的烈火就会燃烧起来。

在中国共产党领导的解放战争胜利形势的影响下，鲁文聪、刀定国为了捍卫自身的安全和利益，决定组建一支武装队伍，与国民党反动派斗争到底。

为了支持鲁文聪组建和发展反蒋武装，刀定国将自己的机枪、数十支步枪、卡宾枪、冲锋枪、手枪和数万发子弹全部交给了鲁文聪。刀定国还利用自己是宣慰使官亲的身份，组织他所管辖的村寨出人出枪，集中起来进行军事训练，并筹集资金交给鲁文聪作军费开支。到1948年底，鲁文聪组建的反蒋武装已发展到500多人，参加的有朱宝元、刘世雄、黄应文等行商武装队伍。

鲁文聪在勐养组建反蒋武装队伍的消息不胫而走，不仅很快就传遍了西双版纳，而且传到了思茅、普洱、景东、景谷、澜沧等地，并与各地的反蒋武装取得了联系。

1949年1月，中共地下组织为了组织各方面的武装力量，进攻思茅县城，曾以“普光部队”的名义，派出地下党员、宣传委员万仲德到车里县勐养乡找鲁文聪联系，争取他的部队配合他们的行动。

鲁文聪热情地接待了万仲德，认为普光部队准备进攻思茅，是个打击敌人威风、长革命人民志气的行动，理应支持，但他担心过早地暴露自己部队的情况，对自己不利，于是他没有答应对方的要求。

临走前，万仲德把随身携带的毛泽东的两本小册子交给了鲁文聪，叫他好好读一读。一本是《将革命进行到底》，一本是《新民主主义论》。

几天后，鲁文聪把这两本小册子拿给召存信看，并根据他本人的理解，把毛主席在这两篇文章里讲的主要内容讲给召存信听，使召存信对共产党、对人民解放战争的形势有了一定的了解。

鲁文聪虽然把队伍拉起来了，但他对于革命队伍的建立方法、组织形式等，一点也不知道。究竟怎么办呢？这时候，原佛海简易师范学校的学生梅玉清来了。梅玉清在泰国时，曾与泰国华侨中的共产党组织有联系，读过一些毛泽东同志的著作，身边还带有《敌后三年游击战争》一书，他为鲁文聪提供了关于建立革命军队的一些方法和组织形式，使鲁文聪受到了很大的启发。

鲁文聪拉起的这支队伍，经过半个月的筹建，便打起“普光三支队”的旗帜，正式建立了，并组建了司令部、政治部，鲁文聪任司令员，朱宝元、黄应文任副司令员。支队下面设 5 个大队，约 500 多人。由于整个支队没有一个共产党员，政委、副政委均由非中共人士担任。支队建立后，就把攻击的目标指向了车里县城。

当时的国民党车里县县长李拂一，感到形势的发展对国民党十分不利，国民党大势已去，共产党的军队迟早会打过来。于是他以“出国考察”为由，出走缅甸、泰国，迟迟未归。

李拂一走后，车里县县长一职一直空着。看来要等他回来主持县里的工作已经不可能了。为了稳定民心，更好地对付共产党，国民党云南省政府又任命磨黑的大地主、大恶霸张孟希为车里县县长。张孟希是个狡猾的狐狸，他见全国、全省形势的发展对国民党不利，自己没有到任，而是委派老秘书郭卫堂来代理县长职务，委派思茅地霸李庆甫率领一批人马，带 4 挺机枪到车里镇守，派他的亲信樊涛担任县常备中队中队长。郭卫堂上任后，原县政府的人员全部留用，但暂不安排工作，只发给生活费。职员对此极为不满。

那时候，国民党93师的“在乡军人”多数在勐海、勐遮、勐龙、勐罕一带活动，只有少数人在车里县城至嘎洒附近的地方驻守。恰恰在这时候，车里县城的兵力却空虚了，其防御力量只有樊涛的一个县常备中队和少数警察。这就为鲁文聪部队进攻车里县城提供了极好的机会。

普光三支队威震车佛南

普光三支队建立以后，为了震慑敌人，壮大队伍，鼓舞士气，就需要打一场漂亮的仗。经过侦察，鲁文聪得知车里县城目前的防御力量最薄弱，容易占领，就准备进攻车里县城。

鲁文聪进攻车里县城，召存信给予他极大的支持，他利用自己的威信和影响，调动民族自卫预备大队全体队员参战，并调动曼阁、曼斗的木船和船工，帮助鲁文聪部队过江。

为了进攻车里县城，鲁文聪部队一方面做好攻城的物资准备，一方面也在做瓦解敌人、争取内应的工作。他们通过联络参谋李士义和县民政科科长杨廉，做县常备中队中队长樊涛和警察局局长徐子和的工作，向他们宣传全国解放战争的形势，说辽沈、淮海两大战役已经打完，国民党军队的主力已被共产党领导的中国人民解放军消灭。共产党必胜、国民党必败已成定局，望他们看清形势，做出最后的抉择。

鲁文聪和杨廉是同学，彼此关系融洽。1948 年 12 月底，鲁文聪给杨廉写了一封信，叫他抽空到勐养一趟，有要事相商。由于李庆甫到车里后，听人说勐养有游击队，就派人充实了江防渡口，严格盘查过往行人，要过江去勐养十分困难。1949 年 1 月，杨廉借口要去勐养催款，向郭卫堂秘书讨了个差使。郭秘书听杨廉说要去催款，很高兴，给他开了一张过江去勐养的条子。

杨廉到勐养后，找到了鲁文聪的住处，鲁文聪见到杨廉很高兴，遂把全国革命形势告诉了他。杨廉听后异常激动，深知国民党已“无可奈何花落去”，自己应尽早投身革命，寻找出路。

他们边喝茶、吃香蕉边谈。“老同学，不瞒你说，解放车佛南，论我们的实力强攻硬打是有条件的，但考虑到前有大江阻隔，这样做就得付出极大的伤亡代价，况且车里县城里住有 100 多居民，枪炮一响，势必会给群众带来灾难，造成损失。因此，司令部决定先采取政治攻势，把常备中队樊涛的武装力量和警察局徐子和的力量争取过来，就能大大加强解放车佛南的实力，至少使他们做到不抵抗。我请你来就是要和你商量这方面的问题，我们相信你，想把这个任务交给你去办。老朋友，你敢承担吗？”鲁文聪问。

“如果我是支队成员，那就更有条件去完成了。”杨廉说。他深知这是自己弃暗投明的好机会。

“司令部已经研究过了，你可以参加支队。”鲁文聪说。

“我愿意去完成这个任务！”杨廉激动地说。

“你准备怎样去完成呢？”鲁文聪问。

“第一，新任县常备队长樊涛到车里后，我俩很谈得来，由于受全国革命形势的影响，他的思想比较进步，对新的形势接受较敏感；第二，警察局长徐子和与我共事多年，他很器重我，平时与我无话不谈，通过徐子和做樊涛的工作，不会暴露目标；第三，县府内各科室的同事和常备队的士兵平时与我的关系也很好，可以瞒过李庆甫去做动员、争取工作。”杨廉仔细地分析说。

“我同意你的分析和打算。对李庆甫、国民党特派员李少白、县党部书记陈记，必须留神、警惕，要抓紧时间完成任务。”

鲁文聪说：“这里有 200 元大洋，你拿回去交差吧，你不是来催款吗？”鲁文聪把现金交给了杨廉。

杨廉回到县政府后，拿两百元大洋向郭秘书交了差。

当天夜里，杨廉找到徐子和，先是试探性地和他谈全国的形势、车佛南的形势以及他们的前途和命运。徐子和对此很感兴趣，要杨廉多谈一些，并给他指点迷津。杨廉又深入地谈了一次，要他去动员樊涛，做争取工作。

徐子和是昆明人，在车里县任警察局长多年。他灵活机警，洒脱大方，八面玲珑，广于交际，喜爱抽烟。樊涛也喜欢这一套，与徐子和交往甚密。杨廉也经常在夜里去徐子和住处和他天南地北地聊天。

杨廉向徐子和由浅入深地谈了情况，要他加快做樊涛的争取工作，徐子和很赞成，愿大力支持。几天后，徐子和告诉杨廉：樊涛已同意起义，接受普光三支队提出的条件，他指挥的常备队有 1 挺机枪、20 多条步枪，保证开门迎军，绝不放一枪。杨廉见时机已成熟，就写信告诉鲁文聪，同时又将鲁部进攻的具体时间告诉徐子和，请他转告樊涛做准备，认真做好策应工作。

又过了几天，杨廉又以催款的名义到勐养，鲁文聪告诉他：司令部已决定，由司令部直属大队从车里渡口正面佯攻；其他大队从曼阁渡口乘船渡江主攻；召存信带领民族自卫预备大队堵截车里至嘎洒一线的通路，防止李庆甫从橄榄坝渡口逃跑，并堵截国民党 93 师“在乡军人”的接应。

1 月 17 日夜晚，李庆甫和李少白等人到曼燕做客，樊涛趁机派人卡住李庆甫的机枪，监视李的心腹并缴掉其武器，并派人包围、监视李的住处。李庆甫做客回来后，一进门就感到情况不对头，正想叫人搜查，就被樊涛手下的人推进一间空房子里软禁起来。

在进攻车里县城之前，鲁文聪曾派人到镇越县，请求王少和派江越支队来配合他们作战。于是王少和亲自率领江越支队的一部分人在 1 月 16 日前赶到勐养。

1 月 18 日拂晓，浓浓的大雾笼罩着澜沧江边，笼罩着村寨和竹楼。由樊涛、徐子和作内应，鲁文聪部队在王少和的江越支队、召存信民族自卫预备大队的密切配合下，借迷蒙的大雾，乘坐木船、竹筏，分别从曼阁、曼斗两处渡过澜沧江，赶走了活动在县城附近的 93 师“在乡军人”，一层一层地包围了车里县国民党政府。

县政府就是原来柯树勋所盖的普思沿边行政总局，由 20 多幢二层的楼房和平房组成，设有办公室、会议室、监狱、法庭、宿舍等，周围由一道砖砌的高墙围着。县城里除了县政府以外，尚有 4 幢美国传教士 20 世纪 20 年代期间用鹅卵石和筒瓦修建的洋楼。在县政府大门的前面，有一条不到 100 米长的街道，街道上除了有 2 幢用砖瓦盖成的街房以外，街道两边稀稀落落地排列着 30 多幢茅草房和两三间瓦房。这条街傣语称为“嘎兰”，意为拥有 10 万人的街道。如今这里已经破败、萧条了。

包围县城的鲁文聪部队、王少和的江越支队和召存信的民族自卫预备大队渐渐地缩小了包围圈，到上午 9 时左右，一枪未发，就占领了车里县城，接管了国民党车里县政权。这次行动，共缴获步枪 100 多支、手枪 6 支、机枪 4 挺、各种子弹 100 多万发、手榴弹和军用物资若干，活捉了张孟希派来防守车里的地霸分子李庆甫等人。

鲁文聪接管车里县政权以后，就建立了车里县革命委员会，由鲁文聪任主任，召存信、樊涛任副主任，并建立了车里县民族自卫大队，由召存信兼任大队长。

国民党佛海县县长杨秀、南峤县县长徐晓寒，见以蒋介石为首的国民党大势已去，全国的政权迟早要落在共产党的手里,那时他们想反戈一击投靠共产党也来不及了，不如早一点想想办法，寻找出路。

他们听说鲁文聪的部队有四五百人，战斗力很强，不费吹灰之力就拿下了车里县城，便惊恐万状。心想，如果他们不趁早投靠鲁文聪，一旦鲁文聪部队打到佛海、南峤，他们当县太爷的轻则会被关押定罪或赶出境外，重则会人头落地。为了避免可怕的下场，他们先后派人和写信到车里，与鲁文聪联系，他们决定弃暗投明，投靠鲁文聪部队，要求鲁文聪尽快派部队去接管佛海、南峤县政权。

国民党 93 师“在乡军人”头目曾宽武得知这两个县长秘密与鲁文聪联系时，就抢先攻进了佛海县政府和勐海乡公所。勐海乡副乡长、勐海土司刀宗汉的大女婿邵永刚率领乡丁进行抵抗，终于寡不敌众被曾宽武一伙活捉，当场杀害。

曾宪武一伙攻占佛海县政府以后，把县长杨秀等 4 人抓起来，把他们拉到刑场立即枪杀，并把勐海总头人刀承宗等5个傣族头人抓起来，拉到刑场陪杀，以杀一儆百。

曾宪武血洗佛海的消息传到车里，鲁文聪感到十分震惊，他和召存信亲自率领部队分三路从南糯山、务本乡进攻佛海、南峤县城。曾宪武、朱政与鲁文聪部队打了几个回合后，抵挡不住，就向打洛边境逃窜。鲁文聪的部队接管佛海、南峤两县的国民党政权后，也组织了佛海县的民族自卫大队，由总头人刀承宗兼任大队长；在邻近南峤县城的景真乡组建了民族自卫中队，由景真代理土司刀庭荣兼任中队长。这两支民族自卫队与召存信领导的车里县民族自卫大队一样，积极配合鲁文聪部队，有力地打击了93师的“在乡军人”，反对国民党反动派，保卫自己美丽的家园。

企盼救星

由于鲁文聪部队和召存信的民族自卫大队中没有一名共产党员，没有共产党的领导，缺乏正确的政治方向，1949 年 5 月，召存信和鲁文聪一起去普洱寻找共产党组织，要求党组织派党员到西双版纳领导反蒋武装。

到普洱找共产党

以鲁文聪为首的普光三支队接管车、佛、南三县国民党政权后，考虑到权力分配问题，鲁文聪决定自己不兼任车里县革命委员会主任，召存信也不兼任副主任，而任命刘世雄为车里县县长，朱宝元为佛海县县长，黄应文为南峤县县长。

鲁文聪部队从组建时起，就存在着自身难以克服的问题。这支部队是爱国、反蒋的，他们确实恨透了国民党反动派，恨透了蒋介石。但是，这支队伍是由私人武装和行商武装凑合起来的，鲁文聪、朱宝元、刘世雄、黄应文等，都有自己的人马，枪是私人的枪支，人基本是各人带各人的兵。这支队伍的内部成分也很复杂，大部分人是商人，也有一部分是土司头人、破产手工业者、农民、小商贩、旧军人、旧职员等。他们不仅缺乏明确的政治目标和严密的组织性、纪律性，而且领导内部争权夺利、钩心斗角，尽管他们都有一定的亲戚、朋友关系，但为了保存自己的实力，自成系统，不服从调动，有的甚至为了捞油水，得到某些好处才来参加这支队伍的。为了给部队发薪饷，他们私下向各族老百姓摊派钱物、收捐收税，欺压老百姓。老百姓称他们为“假共产”。鲁文聪为这支部队伤透了脑筋，不知道如何是好。他听说共产党领导的部队组织性、纪律性很强，能“招之即来，来之能战，战之能胜”，对老百姓秋毫无犯。可是他的这支队伍，组织性、纪律性如此松散，不听从指挥，怎么能有较强的战斗力呢？

早在普光三支队建立的初期，鲁文聪就派人到景谷县的勐主寻找共产党组织，要求党组织派政工干部来领导这支队伍，因为这支队伍用的番号是勐主共产党普光部队的番号，鲁文聪之所以用普光三支队的番号，是万仲德1948年底来找他联系时同意的，那是万仲德个人口头的决定。他想得到普光部队的正式承认，并派政工干部来领导普光三支队，但没有结果。

1949年3月底，鲁文聪又派原佛海简易师范学校校长赵民安去景谷勐主找共产党组织。赵民安找到普光部队的司令员罗正明后，才知道罗正明也不是共产党员，他所领导的普光部队原来是地下党勐主支部和归国华侨党组织领导的，这支部队正忙于进攻思茅和普洱，这次联系也没有结果。

赵民安回到佛海后，鲁文聪见没有什么结果，仍然没有一个共产党员来到他的部队，但他并没有灰心。他听说二纵队司令部就在普洱，就准备亲自去普洱寻找共产党组织。他还想请召存信和他一起去，因为召存信是西双版纳的召景哈，可以代表西双版纳的头人和各族老百姓，这样向二纵队领导提出要求，也许会有力一些。于是5月初，他带了几名警卫员，骑马到景帕钪找召存信。

鲁文聪在客厅里坐定后，说：“召景哈呀，你过去跟我说过，我们这支队伍成分复杂，各自为政，不受组织纪律的约束，长此下去，不但打不垮敌人，还会被敌人吃掉。最近，国民党93师的那些‘在乡军人’已开始结集在一起，这样他们的力量就更大了。如果我们的部队没有共产党的坚强领导，很可能会被敌人打垮。”

“鲁司令员有何高见？”召存信问。

“听说共产党领导的云南人民讨蒋自卫军第二纵队早已解放了普洱，在普洱建立了根据地。我准备亲自去普洱寻找共产党组织。你是车里宣慰司署议事庭的庭长，在西双版纳的头人、百姓中很有威信。如果你方便并且愿意的话，就和我一道去普洱，去请共产党派人来领导我们这支队伍。你说话是有分量的，只要你提出要求，他们一定会派人来。”鲁文聪诚恳地说。

“鲁司令员，去普洱找共产党，我早就有这个想法。”召存信说，“你知道，我虽然是召景哈，可是在国民党反动派的眼里，我只是个可供他们利用的工具，他们想罚我就罚我，想抓我就抓我，我简直成了他们的奴隶和囚犯。你说去普洱找共产党，说到了我心里，我一定和你一道去。”

“好！这太好了！”鲁文聪紧紧地握着召存信的手说。

“你准备带哪些人去？”召存信问。

“我想带梅玉清和黄维洲两人去。你知道梅玉清是支队的政治部主任，思想活跃、思路清晰、思维敏捷，他可以给我们出出点子。还要带上一个中队的兵力，因为路上情况复杂，以防万一，不知你的看法如何？”鲁文聪诚挚地问。

“好，我没有什么意见，你考虑得很周到。如果共产党给我们派人来，我们也要考虑他们的安全呀！”召存信说。

“召景哈呀，我还想给二纵队带一件礼物去，你看，我们带什么礼物去呢？”鲁文聪征询道。

“我想，二纵队目前最需要的是精良的武器，就带一挺好的机枪给二纵队作见面礼吧。”召存信想了想说。

“对呀，就带一挺机枪作见面礼，太好了！我怎么没想到呢？”鲁文聪喜形于色地说。他又一次握住召存信的手：“你真不愧是个召景哈呀！”

共产党的队伍是好样的

第三天清晨，澜沧江水在朝阳的照射下，闪动着金色的波纹。鲁文聪、召存信、梅玉清、黄维洲和一个中队的兵力骑马来到车里县城以东的澜沧江渡口。10只木船分3次把他们送到了江的东岸。他们渡过江后，就骑着马，沿着崎岖的林间小路向普洱方向进发。

召存信骑在马背上，心里却想着许多事情。他想，从他认识鲁文聪以后，就逐步对共产党有了一定的了解，但他没有见过、没有接触过共产党，不知道共产党对他有何看法。尽管他对国民党造的谣言，如“共产共妻”等是不相信的，但他对共产党心里还是有点害怕的。因为他毕竟是召景哈，毕竟是西双版纳赫赫有名的议事庭庭长，是领主集团的主要成员之一，是共产党要打倒的对象呀！他到了普洱以后，共产党会不会把他抓起来，让他蒙受牢狱之灾和皮肉之苦呢？也许不会吧，因为他已支持鲁文聪的部队接管了国民党的车、佛、南三县的政权。况且，鲁文聪建立车里县革命委员会后，他也担任了革委会的副主任，并兼任民族自卫大队大队长……也许，这些共产党组织会知道、会欢迎他的吧！

召存信一路想着，走了8天的路，终于走到了普洱。由于他们身上都有武器，又带有一个中队的兵力，怕引起二纵队的怀疑，便把这一中队的人马放在城外等着，并请人通报二纵队。然后，鲁文聪、召存信、梅玉清和黄维洲徒步进入县城。

召存信等四人进入普洱，就感到这里的气氛与车里、佛海、南峤不同。他们看到，穿着便服、头戴红五星帽子的战士们有的在操练，有的在开会，《三大纪律八项注意》《解放区的天》《义勇军进行曲》的歌声，响彻普洱古城。二纵队战士们为老百姓挑水、砍柴、扫地；老百姓为战士们缝补衣服、做布鞋；当官的为战士理发，教战士识字；战士把当官的当作自己的兄长一样看待；二纵队的医生免费为老百姓看病；官兵在一起打球、吃饭。官兵之间、军民之间关系十分融洽。这支部队纪律严明，不拿群众的一针一线，艰苦朴素，团结活泼，士气旺盛。召存信过去曾多次来过普洱，但从来没见到像今天这样充满了朝气，充满了希望的景象，心里很高兴。但在他们未找到二纵队的党领导以前，他心中的疑虑仍然没有完全消除。

他们四人到二纵队司令部后，鲁文聪向二纵队的领导做了自我介绍并向领导介绍了召存信、梅玉清等人。当他介绍到召存信时，特别介绍他是西双版纳最高领主召片领司署的召景哈，说他恨透了国民党反动派，是特地来找共产党、投奔革命的。二纵队的领导热情地接待了鲁文聪一行。

鲁文聪向二纵队领导汇报说，他们从车里出发时，为了安全起见，带来了一个中队的兵力，现正在城外等着，并带来一挺机枪给二纵队作见面礼。二纵队领导叫他们把部队带进城里来休息。

二纵队全称为云南人民讨蒋自卫军第二纵队。鲁文聪、召存信等四人把队伍带进城后，向二纵队领导详细汇报了西双版纳的敌我斗争形势和他们建立反蒋武装——普光三支队的情况，并强烈要求纵队部派人去领导、改造这支队伍。

纵队部考虑到鲁文聪部队政治素质差、成分太复杂，对他们的情况也不够了解，派人去领导这支队伍的问题一时决定不了。

从 5 月底到 6 月中旬，鲁文聪、召存信等人一直在普洱等着，并一再要求纵队派人去领导普光三支队。召存信、梅玉清、黄维洲 3 人见普洱设有军政干部学校，就要求留在军政干校学习。

“如果纵队不派人去领导，我也不回去了。”鲁文聪对纵队领导说。他深知他部队的情况，如果不来个脱胎换骨的改造，这个烂摊子就难以支撑下去。

召存信也说："如果纵队部不派人去领导，我很难面对西双版纳的头人和百姓，我也不回去了，我要求去军政干部学校学习。"

召存信的心情很复杂，因为西双版纳的领主集团中当时分为三派：一派以新的代理宣慰使刀栋庭为首。刀栋庭是 1948 年 9 月开始担任代理宣慰使的。那时以王少和为首的反蒋武装江越支队已成立，车里县以鲁文聪为首的反蒋武装已开始在勐养集结，国民党反动派的军队节节败退，时局动荡不定。与此同时，以曾宪武、罗庚、朱政为首的国民党 93 师"在乡军人"活动更加频繁，更加胡作非为，各族人民苦不堪言。作为代理宣慰使的刀栋刚，这时已无力支撑局面，再三提出要求自己不再担任代理宣慰使了，请议事庭另选高明。议事庭"四大卡贞"之一的怀朗曼洪提出：应当同意刀栋刚隐退，让刀栋庭来担任代理宣慰使。召存信认为刀学林的建议提得很好、很及时，便召开议事庭会议，正式决定让刀世勋的生父刀栋庭来代理召片领一职。那时，刀栋庭还在勐罕当土司，议事庭便派召龙诰哈迪雅翁、内务大臣召龙帕萨等人去勐罕迎接他回景帕钪任职。刀栋庭的这一派有召龙帕萨（刀福汉）、管象大臣召龙纳章、管马大臣召龙纳玛等。这一派人，国民党反动派在处心积虑地拉拢、威胁他们，让他们倒向蒋介石一边。一派以他为首。他们看透了国民党反动派的腐败，因受到共产党的影响而开始倒向共产党一边，迫切要求共产党来拯救西双版纳的老百姓。以上两股力量都不很大，而势力最大的是以总理大臣召龙诰哈迪雅翁为首的中间派。在这一派中，“四大卡贞”中就占了3人，“八大卡贞”中就占了6人，原代理宣慰使刀栋刚和大部分头人也站在他们一边。这一派人的态度是：无论是共产党，还是国民党，他们既不反对，也不欢迎，不倒向哪一边；谁来都可以，只要老百姓有饭吃有衣穿，头人有俸禄有马骑就行了；最好是哪一个党都不要来，这样西双版纳会安静一些，少一些动荡。

在以上三派头人中，召存信这一派的力量是比较薄弱的。在“四大卡贞”“八大卡贞”中，就只有他一个人。代理宣慰使由于受国民党的挑拨离间,本来就对他有意见，说他想联合鲁文聪、联合共产党来压司署和议事庭，有野心，想篡夺代理宣慰使的职权等。他这次到普洱来，是来寻找光明、寻找救星的。如果二纵队不派人到西双版纳，他既得罪了代理宣慰使，也将得罪一大批头人，对民族自卫大队的队员们及全西双版纳的老百姓也是不好交代的。因为大家都知道,鲁文聪的部队只是打着共产党旗号的“假共党”，到底“真共党”是个什么样子，谁也没有见过。平时他向头人、百姓宣传，说共产党好，共产党能为老百姓谋幸福，可要眼见为实啊，他讲一千遍也没有用。

纵队部经过反复考虑后认为：鲁文聪的这支部队，虽然成分复杂、纪律不严，但除了少数的商人、地主以外，大多数是城乡的小商贩、平民、雇工及散兵游勇，还有少数贫苦农民，有一定的战斗力，在政治态度上是反对蒋介石，靠拢共产党的。因此，对鲁文聪的这支队伍，应实行团结、教育、改造的方针，不应把它拒之门外。6月下旬，纵队部决定派人到西双版纳，对这支队伍进行团结、教育和改造，把它改编为云南人民讨蒋自卫军第二纵队车佛南支队，正式任命在普洱军政干校当教导员的邹垲夫同志为车佛南支队的政治代表。

二纵队副政委赵文向邹垲夫交代了三项任务，叫他到鲁文聪部队以后，要将部队分期分批进行整训，具体实施方案由他提出；要他协助澜沧邱秉经同志争取同国民党93师“在乡军人”谈判，争取这批军人弃暗投明。谈判以邱秉经为主，因为邱秉经过去与这些人有过接触，了解他们的情况。

邹垲夫同志提出，由于西双版纳地处边疆，民族众多，情况复杂，要求纵队派几个同志和他一起去鲁文聪部队工作。纵队领导同意他的意见，并叫他提名。

于是由邹恺夫提名，纵队部派出余松、贺力、照鹿合与他一起到西双版纳工作。纵队部参谋部派李源为联络员，随邹垲夫一起去鲁文聪部队工作。在纵队部派出的人员中，有3名共产党员，即邹垲夫、余松、李源，后来在行军途中吸收贺力入党，4人编为一个党小组。

纵队部还决定：召存信、梅玉清、黄维洲3人留在普洱军政干部学校第2期学习，其余人马全部返回西双版纳。

对于召存信，纵队部领导认为：作为西双版纳宣慰使司署议事庭庭长，能够背叛自己的剥削阶级，投身革命，投靠共产党，是十分难能可贵的，应当欢迎。可是像召存信这样地位高、影响大的少数民族上层爱国人士，他们是第一次遇到。如果把他吸收到革命队伍中来，又怕他出现什么差错，一旦上面怪罪下来，说他们太右就不好办了；如果不吸收他，把他关在革命的大门之外，失去了统战的良好机会，上面仍然会怪罪他们太“左”。他们思来想去，就决定让他留在干校二期学习，待观察、考验一段时间后再说。这样，召存信就成了普洱军政干部学校第二期的学员。

党代表进入西双版纳

邹垲夫、鲁文聪一行6月下旬离开普洱，7月2日到车里，3日到鲁文聪部队司令部驻地佛海。

为了贯彻二纵队党委的指示，邹垲夫、余松决定召开车佛南三县军政干部会议。在会议筹备期间，他们重点抓了两件事，即开展社会调查，对敌、我、友及社会各界、各阶层的动态进行分析、研究。通过宣传，发动群众，在县城组织了工会、商会、妇女会和儿童团。同时在部队中广泛宣传党的“三大纪律八项注意”。

为了做到既减轻人民的负担，又保证部队的供给，邹垲夫、鲁文聪、余松召集了军政负责人和当地士绅、工商业主举行座谈会。邹垲夫在会上宣布：从此以后，除了县政府限量征收的门户款和工商税外，国民党的一切摊派及苛捐杂税一律废除。这一决定受到了佛海县各界群众的欢迎。鲁文聪部队的官员，多数也能接受，只有少数几个地主、老板心怀不满，但他们不敢公开反对，口头上表示赞成，可暗地却仍在继续摊派，勒索群众。

经过一段时间的筹备，车佛南军政干部会议 8 月 1 日至 7 日在佛海简易师范学校内召开。参加会议的有鲁文聪部队中队长以上、三县政府科长以上的人员，车佛南地区的一些社会名流也应邀出席了这次会议。

召存信也出席了这次会议，他的身份是开明的少数民族领袖人物、社会名流、车里民族自卫大队大队长、从普洱军政干部学校第二期学习归来的重要学员。他是 7 月下旬回到西双版纳的。

召存信在普洱军政干校学习期间，得到了二纵队领导热情的关心和帮助。他们经常询问他的学习、生活情况，给他讲解疑难的问题，鼓励他要安心学习，学好共产党的各项方针、政策，为迎接解放军进入西双版纳做出贡献。同时，他们也在观察他、考验他，看他是否真心实意地投靠共产党。

在干校，由于召存信平易近人、学习积极、乐于助人，他被推选为中队的生活委员。在和同志们相处的过程中，召存信深深地感到，同志们是那样的热情、朴实，以诚相见，他们一起学唱革命歌曲，心情非常愉快。这里官兵一致，当官的没有什么特权，当兵的也不受欺凌，没有人欺压人、打骂人的现象。虽然生活过得艰苦一些，但谁也没有怨言，人们的脸上浮现出喜悦的神情。他感到和这些同志在一起，有一种轻松、愉快、无拘无束的感觉，真想多和他们相处一段时间。

时间过得真快，眨眼间半个月就过去了。半个月来，召存信的学习进步可真快，他初步懂得了共产党的性质、任务、奋斗目标，初步了解了共产党当前统一战线的任务是团结全国各民族、各阶层人士、各民主党派、无党派爱国民主人士，打倒以蒋介石为首的国民党反动派，建立由人民当家做主的新中国。他对当前国内的形势也有了一定的了解，通过辽沈、淮海、平津三大战役，国民党反动派的堡垒已被攻破，蒋介石退居重庆，正处心积虑地妄想把大西南作为“反共复国”的最后堡垒。尤其是云南，如果蒋介石以云南为基地，进可以攻四川、贵州、广西、湖南、广东，进而辐射全国。如果不行了，可以向缅甸、老挝、越南撤退。

通过半个月的观察、了解，二纵队领导发现召存信虽是西双版纳赫赫有名的召景哈，可他历来坚持减轻百姓负担，反对国民党军政人员额外的摊派，为此他坐过国民党的牢，他恨透了国民党反动派。他投靠共产党是真心实意的，他跟共产党走的决心是坚定的。

可是，就在这时，共产党内出现了一股“左”的思潮。

人们认为，把那些与二纵队一度合作过的统一战线武装的头头们吸收到军政干部学校学习，是一种右倾表现，需要把这些人清洗出去。于是，清洗运动开始了。作为西双版纳宣慰司署议事庭庭长的召存信，当然就在被清洗之列了。

这对召存信来说，无疑是个沉重的打击。他痛恨国民党反动派，一心追求革命，一心追求共产党的领导，可他才在军政干部学校学了半个月，才开始懂得一点革命道理，军政干校就要把他扫地出门，不让他继续学习了，这怎能不叫他伤心呢？他舍不得离开干校，舍不得离开这支革命队伍；他从来没有上过像普洱军政干校这样好的学校，也从来没见过像二纵队这样的军民一致、官兵一致的好队伍。他担心他离开军政干校以后，革命队伍不再容纳他，把他推向国民党反动派那一边。于是，他流着眼泪说："留下我吧，我对共产党、对革命是真心实意的。留下我到毕业为止，让我多学一点革命道理！"干校的政工人员客气地说："你的想法很好，你的要求是合情合理的，待我们请示二纵队领导后再说。"

当时二纵队的领导保持着清醒的头脑，虽然清洗运动他们阻挡不住，但他们要做好召存信的思想工作，不要让他有军政干校不要他、共产党不要他的感觉，而是革命需要他回西双版纳，让他高高兴兴地回到车佛南，继续做好革命工作。

一天下午，二纵队政治部主任唐登岷把召存信请到自己的房间里，与他促膝谈心。他说：“召景哈呀，你是西双版纳宣慰司署的议事庭庭长，虽然你身份、地位这样高，但你能看清国民党反动派的腐朽和反动本质，毅然决然地投身革命，组织民族自卫大队配合鲁文聪部队，与国民党 93 师的‘在乡军人’做斗争，这是难能可贵的。现在又专门到普洱寻找共产党组织，并要求留在军政干校学习，这很好。希望你坚持革命斗争，继续进行反蒋活动，跟着共产党革命到底。”

“召景哈呀，你想继续留在干校学习，当然很好啰。但现在革命需要你回西双版纳去，组织、发动各族群众参加反蒋斗争。半个多月前，邹垲夫、余松等同志已和鲁文聪司令员一起到西双版纳开展工作了，希望你支持他们。”唐登岷说。

经唐登岷这么一说，召存信心胸豁然开朗，紧锁的眉头展开了。他握着唐登岷的手说：“唐主任，我明白了。我回去以后，一定全力支持邹垲夫、余松同志的工作！”

说罢，两双有力的手紧紧地握在一起。

7 月下旬的一天，召存信在小陈、小刘两个警卫员的保护下，带着二纵队开的证明和给邹垲夫的介绍信，经过 8 天的长途跋涉，终于回到了景洪。

召龙诰哈迪雅翁、怀朗曼洪、怀朗庄旺等上层头人在县城附近的澜沧边迎接召存信，并为他举行了拴线仪式，意思是为他洗尘，欢迎他从外地胜利归来，让他的灵魂不要离开他的肉体。

召存信回到景洪后，先去勐海见邹垲夫、鲁文聪、余松等人,然后在原来民族自卫大队的基础上进行了扩充。既是自卫，大家的积极性很高，拿起武器自己保卫自己嘛。他们自带武器、粮草，甚至不取分文报酬。愿意参加的人真不少。尽管自卫队员都是不脱产的，但大家都能召之即来。

扩充后的民族自卫大队分为4个中队，即景洪坝子的4个乡各有1个中队，每个中队约100人。武器以五响老套筒、毛瑟枪居多，还有少部分的自动步枪、手枪、10挺机枪。为了防备国民党93师“在乡军人”的骚扰，召存信把自卫大队放在嘎洒、嘎栋一带设防。

军政干部会议开始时，首先由鲁文聪向大家介绍了他在普洱的见闻，并介绍了由二纵队派来的政治代表邹垲夫及余松、贺力、照鹿合、李源同志。

他说：“弟兄们，不，同志们，我这次去普洱，是专门去寻找共产党组织，请求党组织派人来领导我们这支队伍的。在普洱，我看到了那里没有压迫、剥削，看到了共产党官兵之间亲密无间，如同兄弟姐妹一样，大家为了一个共同的理想而奋斗；军民之间感情融洽，如同鱼和水，军队帮助老百姓劈柴、挑水、扫地、治病，老百姓为战士们洗衣服、补衣服、做布鞋，自觉自愿地用粮食、蔬菜支援军队，军队又按市价付钱，不白拿群众的一针一线。军民一起学习，一起联欢，关系可好了。从这些现象，我看到了中国的希望，看到了未来。我现在把二纵队的共产党政治代表邹埢夫等同志请来了,希望大家支持他们的工作。我们的目标是打倒蒋介石，解放全中国！”他停顿了一会儿，喝了一口水，又继续讲：“大家都知道我鲁文聪的脾性，一旦认准了的事情，是九头大象也拉不回，一定要干到底的。现在我已经认准共产党是我们中国的大救星，我跟共产党已经跟定了，希望大家一定支持党代表的工作，接受共产党的领导！”

接着，邹埢夫代表纵队部宣布：取消鲁文聪部队“普光三支队”的番号，改为“云南人民讨蒋自卫军第二纵队车佛南支队”；任命鲁文聪为支队长，朱宝元、黄应文为副支队长，邹埢夫为政治代表，余松为政治处主任。他对部队提出了要求，并宣讲了当时全国解放战争的形势和思普地区革命斗争的形势。

北京传来的佳音

1949 年 10 月 1 日上午 10 点钟，毛泽东主席在北京天安门城楼上庄严宣告：“中华人民共和国成立了！”“中国人民从此站起来了！”这一天，北京市举行了盛大的群众大会和庆祝游行。

可是西双版纳距离北京千山万水，没有通信工具，看不到报纸，通信联络全靠人传马送。寄一封信到昆明，往往要一个多月才能寄到。车里、佛海、南峤三县中，只有佛海旧邮电局有一台破旧的收音机，邹埢夫、余松来到佛海后，就吩咐邮局管理员赶快修理，以便收听中央的声音。为了能够多了解一些情况，好向广大群众进行宣传，邹垲夫、鲁文聪、余松决定，等收听广播后再组织庆祝活动。

10月1日早上，收音机还没有响，到了下午仍然没有响。这可把邹垲夫、鲁文聪、余松等人急坏了。到了晚上，那位邮局管理员没有辜负大家的期望，七弄八弄之后，终于用耳机收听到了北京的广播，听到了毛主席的声音，知道了新中国的国旗是五星红旗，首都是北京，代国歌是《义勇军进行曲》，国名叫中华人民共和国。

战斗在祖国西南边疆西双版纳的儿女，能够收听到首都北京的广播，听到带领中国人民历尽千难万险，推翻帝国主义、封建主义、官僚资本主义三座大山，缔造新中国的伟大领袖毛主席的声音，大家心潮澎湃，热泪盈眶。"中国人民从此站起来了！"毛主席的这句话，表达了4亿5000万中华儿女的心声。中国人民被压迫、被剥削的历史从此结束了，人吃人的黑暗时代一去不复返了，苦难深重的中华民族从此挺起了腰杆，昂起了头，获得了解放。

10月2日，邹垲夫、鲁文聪、余松等人分头到各县组织群众举行庆祝大会和游行。余松被分配到车里县组织庆祝活动。他十分担心少数民族群众不了解什么叫旧中国、新中国，不了解新中国建立的意义，因此不来参加庆祝活动，或者来的人很少，冷冷清清的，游行不起来。他一方面派工作队下乡去宣传，一方面专门去景帕钪找召存信商量如何发动群众来参加庆祝活动的问题。

召存信听说中华人民共和国已经诞生，中国人民受压迫、受剥削、受外国人蹂躏的历史已一去不复返，西双版纳不久也将彻底解放，他的心情激动不已。他今天见到余松，感到特别亲切，握着余松温暖而有力的手，不知不觉地，他的眼眶里噙满了热泪。

“新中国成立，是我们几代人梦寐以求的特大喜事，我一定组织好群众和头人积极地来参加庆祝活动。”召存信激动地说。

召存信叫自卫大队队员分头去通知各村寨的头人到他家开会，然后又擂响议事庭的大鼓，把上层头人们叫到议事庭开会。他向头人们宣传了旧中国与新中国的区别，他说：“旧中国是国民党、蒋介石统治的，各族人民只有当牛做马、受压迫受剥削的份。而新中国是共产党领导的，人民是国家的主人，谁也不压迫、剥削谁，各民族之间，无论是人口最多的汉族，还是人口较少的小民族，在政治上一律平等，谁也不歧视谁，各族人民同心协力，共同建设美好的新中国。新中国成立是全国各族人民最大的喜事，你们各村寨头人、议事庭的头人回去后，要开会好好动员群众，10月5日早上到县政府门前参加庆祝活动，不得有误！”

开完各村寨头人会、议事庭会议后，召存信把情况向代理宣慰使刀栋庭做了汇报。刀栋庭听后，不置可否。为了组织好庆祝活动，余松和大家一起赶做了几面五星红旗。由于当时谁也没见过五星红旗，不知道它的规格，只好在红旗上缝上1颗大五角星，周围缝上4颗小的五角星。会场上挂起了横的红布标，布标上写着“热烈庆祝中华人民共和国成立”13个大字。

10月5日上午，天气格外晴朗，金色的阳光洒满了村寨、田野。四周村寨的傣族群众涌向车里县城，近的有曼景兰、曼听、曼龙匡、曼允、曼波囡、曼么龙、曼阁、曼斗，远的有景帕钪、嘎栋、嘎洒等部分村寨的群众。有的扶老携幼而来，想看看庆祝新中国成立的大会和游行是个什么样子。加上县城里的居民、部队、工作队、车里武工队，有数千人。傣族群众还带着象脚鼓、铓锣、铙钹，边走边敲鼓、打钗、跳舞，不时发出“水——水——水”的欢呼声，热闹非常，出乎余松等人的意料。这都是召存信的功劳呀！

庆祝大会是在下午召开的，会场设在曼允寨对面洋楼旁边的广场上。广场周围是一排排高大的铁刀木树，广场中又有挺立的椰子树和槟榔树，为与会者遮住了火辣辣的太阳。

大会由召存信主持，余松讲话。大会开始时全体起立，由武工队、民工团、车佛南支队车里大队的人员唱《东方红》。当余松介绍了从广播里听到的新中国已诞生、毛主席在北京天安门城楼上庄严宣告“中华人民共和国成立了！”“中国人民从此站起来了！”以后，群众欢声雷动，振臂高呼：“毛主席万岁！”“共产党万岁！”“中华人民共和国万岁！”部队鸣枪、民族自卫大队放步枪、火药枪，傣族群众敲响铓锣、象脚鼓。接着，民工团、武工队表演了几个节目之后就开始游行。

游行队伍从曼允开始，经过曼波囡到江边，又返回到县政府门前、嘎兰街（即后来被称为老街的地方）。一路上，歌声、口哨声、鼓声、铓锣声夹杂着“水——水——水”的欢呼声，车里县城沉浸在一片欢乐之中。大家度过了第一个快乐的国庆日。

受威逼“摄政王”背井离乡

由于不明共产党的政策，又受国民党“共产共妻”“共产党要杀害少数民族头人”“国民党就要反攻大陆”“共产党的日子长不了”等等反动宣传，加之反蒋武装中成分复杂，不满共产党对其队伍的整编，其中有一些人背着党代表，甚至以党代表的名誉，到宣慰城向代理宣慰使刀栋庭逼钱、逼枪，并捆绑吊打其爱妻，迫使刀栋庭于1949年11月率领八十多名头人、家属，出走异国他乡“避难”。召存信知情后，立即去安抚未出走的头人，以稳住头人、百姓的心。

“摄政王”受到了严重威胁

钱仿周等泰国华侨1948年9月开始在勐罕种橡胶，引起了西双版纳社会各界的注意，不仅国民党车里县政府、93师的“贺两广”把目光转向他们，而且以鲁文聪为首的普光三支队建立以后，也把目光转向他们。这些人都以为这些华侨很有钱，暹华胶园的本钱大得很，可以从中榨取一些油水。

早在1946年，侨居泰国的华侨钱仿周等志同道合的朋友，在泰国组建了一个“暹华股份公司”。公司成立后，到底要开展什么业务，做些什么生意呢？这时候，他们想到了到祖国南方种植天然橡胶树。因为橡胶树浑身都是宝，祖国的云南边疆，早在1904年就有人在盈江引种过橡胶，由于管理不好，只有一部分成活。1905年和1906年，台湾和海南岛先后引种橡胶，但发展规模不大。因此，他们想到祖国的华南、滇南一带种橡胶，一方面为祖国开创橡胶事业，使祖国富强起来，一方面也为自己谋一点生计，找一条出路。

由于种橡胶的成本高，人们都以为钱仿周这些人很有钱，许多人很眼红。其实，这些华侨并不富裕，除了钱仿周在暹华公司有自己的股份以外，其余的都是公司雇来的工人。暹华胶园的一切费用全由设在泰国的暹华股份公司供给，而公司的经费是靠股东们的股份来支撑的。一旦经费跟不上，这座胶园是很难坚持办下去的。

那时西双版纳局势动荡不定，鲁文聪、王少和的反蒋武装与国民党93师的“在乡军人”几股势力同时存在。鲁文聪部队虽然已有共产党派来的政治代表，但他们对共产党并不了解。加上瘟疫肆虐、经费困难，李宗周、木德彪等人已无力管理好胶园，许多橡胶苗都死了，被牛马践踏了，或者被山火烧焦了。暹华胶园就这样彻底破产了。除了李宗周一人因家属不愿走而留下以外，木德彪等4人都相继带家属回泰国了。

临走时，他们都去景帕钪向代理宣慰使刀栋庭辞行，因为刀栋庭在担任勐罕土司期间，对他们的帮助不小。这些华侨都娶了当地的傣族太太，有的太太是刀栋庭本人的亲戚，有的则是他夫人喃蝶的亲友。他们依依不舍地告别了刀栋庭夫妇，说西双版纳很适宜种橡胶，以后形势稳定了就回来。

木德彪等人走了以后，刘世雄手下的李参谋就带着二十多个荷枪实弹的人，到景帕钪宣慰使司署找刀栋庭的麻烦来了。

刀栋庭在司署大厅里，接见了李参谋等人。他不像平时那样坐在宣慰使的宝座上，而是坐在宝座下面的一个藤椅上。他请李参谋等人坐在他身边的藤椅上。

李参谋见了刀栋庭，就严肃地说：“代理宣慰使刀栋庭先生，你知道，革命形势的发展是非常迅猛的。现在中华人民共和国已经成立了，全国就只有大西南、台湾没有解放了，根据革命形势发展的需要，我们部队已改编为云南讨蒋自卫军第二纵队车佛南支队，由共产党领导。队伍壮大了，但我们部队现有的枪支、弹药是不够用的，你知道部队武器、弹药不够是不能打胜仗的，国民党93师留下来的那批两广汉人，现在气焰还嚣张得很嘛。因此，我们打算向你借50支步枪、4挺机枪、5000发子弹、10支手枪。”

听了李参谋的话，刀栋庭感到很为难，便说：“李参谋，我知道，你们部队已改编为车佛南支队，是共产党领导的军队。你们缺乏枪支弹药，我作为西双版纳的代理宣慰使，理应大力支持。可是我手里没有那么多的枪支弹药，我的卫队每5人才有1支步枪，其他人扛的都是火药枪或长刀。我的全部家当，只有50支步枪、4挺机枪、10支手枪，5000发子弹，你们全部拿走了，我的卫队就没有武器了，我又去向谁要枪和子弹呢？”

李参谋似乎也表示“理解”，他说：“刀栋庭先生，枪支弹药既然不能全部借给，我们也不好强求，那就借一半吧。”

刀栋庭虽然心疼，他的卫队曾多次用这些武器有效地保护过他，有的还沾着卫士的鲜血，他舍不得拿出去。但他知道鲁文聪手下的一些人是得罪不得的，他们手下什么样的人都有，他们的一些人是不讲情面的，樊涛、徐子和曾帮助过他们里应外合地占领车里县城，可是他们后来把樊涛也杀了，这样的例子是很多的。他想，如果不把枪支“借”给这些人，恐怕是会惹来麻烦的。

为了避免不必要的冲突，刀栋庭答应李参谋“借”一半的枪支弹药。他没有叫李参谋写什么借条，就把一半枪支弹药交给了李参谋，他知道，借条写不写都一样，反正枪是拿不回来的。李参谋也没有要写借条的意思，如果刀栋庭要他写，他也可以写，但凭借条是断然拿不回来枪支弹药的。他们对任何东西都有借无还。

刀栋庭把武器“借”出去以后，以为刘世雄手下的人不会再来找他的麻烦了。可是，第 5 天，李参谋又带着 20 多人来了，说是要把剩下的那一半武器“借”走。

“李参谋呀，你们把这些武器拿走了，我的卫队用什么武器？我的生命安全谁负责？”刀栋庭不满地问道。

“你的生命安全吗？当然是由我们负责呀，我们的部队装备得好好的，战斗力很强，敌人就会闻风丧胆，不敢靠近西双版纳。那么，你的安全不是得到保障了吗？”李参谋强词夺理地说。

刀栋庭无奈，只好叫下人把剩下的步枪、机枪、手枪、子弹全部拿出来，交给李参谋。李参谋清点后收下，只给他留下不太好的 2 支卡宾枪、2 支手枪和 100 发子弹。

刀栋庭以为把武器全部交出去以后，就可以高枕无忧了。可是他想错了，几天以后，李参谋又带着十几个人找他的麻烦来了。

“刀栋庭先生，暹华胶园的泰国华侨木德彪等人在临走之前，把 5 万元银币拿来托你保存，我们有确凿的证据。革命形势正在向前发展，革命队伍不断壮大，我们现在经费十分困难，想借用这笔钱，请你老老实实地把钱交出来！”李参谋命令道。

刀栋庭听了李参谋不容分说的命令，既感到十分震惊，又感到异常愤怒。他一个堂堂的代理宣慰使，竟会受到刘世雄手下一个小小的参谋的侮辱！他十分清楚，那些泰国华侨就是因为手中没有钱，生活实在维持不下去了才走的。他们临走前虽然都来和他辞行了，但没有一个人托他保管什么钱财呀！别说是5万元半开，就是一颗针也没有交给他呀。哦，他明白了，李参谋是把他当作革命对象，故意来榨他的钱财的。

“请问，李参谋，有谁可以证明华侨托我保管钱呢？是谁交给我的钱？什么时候交的？在什么地方交的？请讲！”刀栋庭愤怒地质问道。

刀栋庭这一反驳，使李参谋一下子愣住了，他没想到这个老头子还这么硬。可他又想，共产党是要消灭剥削、消灭阶级、实现共产主义的，作为代理宣慰使的刀栋庭，肯定是革命的对象，于是他强词夺理地说：“告诉你吧，你老婆就是证人！”

“何以言之？”刀栋庭反驳道。

“木德彪的老婆喃涤是你老婆的好友，是喃涤把钱交给你老婆的。”李参谋煞有介事地说。反正木德彪、喃涤已到泰国去了，没有证据，是黑是白就凭他说了。

“你……你……你……”刀栋庭气得一时说不出话来。

“怎么样？刀栋庭先生，你无话可说了吧？”李参谋得意地说，然后把脸向左一转，命令道：“孔一德、郭九斤，去把他的老婆揪出来！”

喃蝶是刀栋庭的第二个妻子，年纪仅有20多岁，是司署内务大臣“召龙帕萨”刀福汉的侄女。这一天，喃蝶本来是躲在卧室里听丈夫和李参谋争吵的，听着听着就吓出了一身冷汗。当她听到李参谋叫两个兵要把她揪出去审问时，一下子就吓瘫了，尿湿了筒裙。

傣族的卧室，外人是不能进的，何况是代理宣慰使刀栋庭的卧室。可是，孔一德、郭九斤在李参谋的命令下，气势汹汹地冲进刀栋庭的卧室，揪住喃蝶的头发，把她拖了出来。她瘫坐在地板上。

李参谋对喃蝶恶狠狠地问道：“喃蝶，你听着，你要老老实实地交代，不许说半句假话。我问你，木德彪夫妇是不是把5万元半开交给你保管了？”

喃蝶吓得说不出话来，只是摇了摇头。她从小娇生惯养，养尊处优，嫁给刀栋庭以后，身价更高，一方面得到丈夫的宠爱，一方面得到头人、百姓的尊敬，从来没人敢粗声粗气地对她说话。

“她不老实就把她吊起来使劲地打！”李参谋大声地吼道。

喃蝶被反剪着双手吊在大梁上，郭九斤用细篾条抽打着她的腿部、臂部、腰部，还用手使劲地掐她的大腿、胸部，弄得她疼痛难熬，连声求饶。

“你说，木德彪夫妇是不是把钱交给你保管了？你说还是不说？”李参谋对着喃蝶怒吼道。

虽然皮肉的疼痛喃蝶实在难熬，但是绝对没有的事她是不会承认的。她知道这一问题的严重性，如果她承认了，就得把本来就不存在的5万元交出来，而且李参谋这伙人还会一而再、再而三地来榨他们的钱财。“人心不足蛇吞象”嘛，她和她那年迈的丈夫有朝一日是会被这伙人榨干榨死的。她知道这一问题的严重性，于是她又把头轻轻地摇了摇。

刀栋庭见爱妻被吊打，疼痛难熬，心里难受极了。他一忍再忍，实在忍不住了，不知是从哪里来的力气，他向郭九斤猛冲过去，夺过细篾条，怒吼道：“你们的党代表邹垲夫我交谈过，彬彬有礼的，哪个像你们这样野蛮、粗暴、无人性？走，我找你们的党代表去！”

李参谋见刀栋庭这个干瘦老头向自己冲过来，又说要去找党代表，吓了一跳，这事本来就是背着党代表干的，刘世雄一再交代，做事要干净利索，速战速决，不露痕迹，不能让人抓住把柄，更不能让党代表知道。万一刀栋庭真的去找党代表，或者党代表从其他渠道知道了这件事，是要从严处理的，那就不好办了。他知道党代表现在正在着手整顿部队的纪律和作风，用“三大纪律八项注意”来约束部队，谁在这个时候敢顶风作案，党代表是绝不会手软的。况且刀栋庭是代理宣慰使，是共产党团结、争取的对象，如果党代表知道了这事就更不得了了，说不定还会顺藤摸瓜，查出刘世雄大哥呢！他知道刘世雄的为人，此人到关键时刻是会“舍车保帅”，像诸葛亮那样“挥泪斩马谡”的！打是不能再打下去了，但也不能让刀栋庭看出破绽来。

“刀栋庭先生，你去找党代表也没有用，实话告诉你吧，这事本来就是党代表命令我干的。你去找党代表只会罪上加罪，说你抵制革命、反对革命，你知道当反革命是要镇压的，你不怕就去找好了！”李参谋煞有介事地说。

刀栋庭听了以后，心里感到害怕，但他也尽量克制自己，不让李参谋等人看出来。

“共产党是讲政策、讲道理的，我不相信这件事是党代表安排的。”刀栋庭一板一眼地说。

“你不相信就去问党代表好了，走，我陪你去佛海！”李参谋故作镇静地说。

刀栋庭气得脸色铁青，他一句话也说不出来，好像鱼刺卡着了咽喉。这时他真的相信这件事是党代表安排的了。

李参谋见刀栋庭不说话，便说：“刀栋庭先生，华侨的钱，你挪用了，是可以理解的，你设法把它补齐就行了。这样吧，我给你10天的时间，你可以向亲戚、朋友借，也可以变卖你的金银财宝，设法把钱凑齐，到时候你给也得给，不给也得给！”说罢，他又对郭九斤命令道：“你把这臭婆娘放下来吧。”

“李参谋，华侨根本就没有把钱放在我这里，我拿什么给你们呢？”刀栋庭也毫不示弱。

“有没有放钱在你这里，你心里最明白。告诉你，刀栋庭先生，别敬酒不吃吃罚酒！”李参谋说罢，带着手下的十几个人扬长而去。

喃蝶被放下来后，身上疼痛得像针扎一样，她一句话也不说，瘫倒在地上。刀栋庭轻轻地把她扶起来，抱到卧室厚厚的帕垫上，然后用毛巾泡热水给她轻轻地敷伤口。夫妻俩拥抱着，痛哭了整整一夜，这是他俩有生以来最难过、最伤心的一夜。

“摄政王”出走异国他乡

李参谋带人来逼枪、逼钱以后，刀栋庭再也坐不住了，他食不甘味、睡不安寝。他把这些无中生有、胡作非为的人当成了真正的共产党。难道共产党就是这个样子吗？共产党的政治代表邹垲夫、政治处主任余松他接触过，他们说过，统一战线是中国共产党的三大法宝之一。在西双版纳地区，他们要团结傣族和其他少数民族的爱国头人，反对国民党反动派，怎么一下子就变了呢？

他知道鲁文聪的普光三支队，原来是私人武装，他们的薪饷都是从老百姓那里摊派来的。后来共产党的政治代表邹垲夫收编了这支队伍，就不准他们再向老百姓摊派钱、粮、夫、役了，部队改薪饷制为供给制。大家吃同样的伙食，花同样的钱，打胜仗了，得到战利品，除了武器以外，都平均分配给大家。怎么现在突然来了个李参谋，总要千方百计地“借”钱、“借”枪、“借”物，他们来威逼他交出所谓泰国华侨委托他保存的5万元半开，这是无中生有，进行勒索。李参谋限他10天内交出那5万元银币，他怎能交得出来呢？因为没有哪一个华侨委托他保管什么钱呀！可是不交又怎么办呢？刀已架到他的脖子上了，刀栋庭惶惶不可终日。

刘世雄手下的人威逼刀栋庭要枪要钱的消息不胫而走，很快就在景帕钪传开了，而且传到了附近的勐和村寨。议事庭的头人、各勐各村寨的头人一个个人心惶惶，谁都害怕“假共产”来找自己的麻烦，因为这些人急着要钱、要枪，什么事都做得出来的。

那时，车佛南三县的国民党政权虽然被鲁文聪的部队接管了，93师留下的那批“贺两广”也被赶到了边境一线，但他们不时窜进境内来骚扰、破坏、杀人、放火，他们留在群众中的“耳目”“钉子”“传声筒”，不断地放出骇人听闻的谣言来。

“共产党闹革命的最终目的，是消灭剥削，消灭阶级，实现共产主义。因此，共产党把国民党赶走以后，就要开始革宣慰使、土司、头人的命了，就连村寨的小头人帕雅、鲊、先也不会放过，并把这些人的财产统统没收来平分。”而且还说红河哈尼族的某某大头人被挖掉了眼睛，楚雄的某某大头人被挖了心，中甸藏族的某某大头人被割掉了舌头，德宏景颇族的山官的财产全部被没收、平分了……说得非常具体，叫人不能不相信。

“石头不能做枕头，共产党人不能交朋友，他们说的好听，实际上都是骗人的。”

谣言从四面从方而来，刀栋庭的心乱了，景帕钪不少头人的心也乱了。当李参谋带人来逼枪、逼钱，吊打爱妻喃蝶以后，刀栋庭埋怨召存信“吃里扒外”“不念亲情”。他想，召存信明明是司署议事庭庭长召景哈，拿的是议事庭和宣慰使给的俸禄，明明是他亲亲的姪女婿，可他却偏偏与鲁文聪穿一条裤子，勾结鲁文聪来整他，妄想篡夺代理召片领的大权。要不是召存信出卖他，刘世雄手下的人怎么会知道他有那么多的枪支弹药呢？

几天来，刀栋庭躺在床上辗转不能入眠。许多头人、亲戚、朋友都劝他走，到缅甸、泰国去避一避。究竟走不走呢？他拿不定主意。如果不走，又怕鲁文聪等手下的人来找他的麻烦，更怕召存信和鲁文聪联合起来整他，因为召存信知道他的弱点和底细。还有，如果共产党搞起“共妻”来，他那年轻美貌的爱妻就保不住了……可是如果他一走，何年何月才能回来呢？

10 天的时间很快就要过去了，期限越来越临近了。刀栋庭急得火烧火燎的，无奈，他不得不找召龙帕萨、召龙纳章等亲信头人来密商，最后决定到缅甸避一避，在那里观察，看看真正的共产党军队进入西双版纳以后情况会怎样，如果他们不搞“共产共妻”，不杀害少数民族头人就回来。

几天后，刀栋庭带着次子刀世民，侄子刀世华、刀世德，爱妻喃蝶等家眷及三十多名亲信头人共八十多人，悄悄地到邻国缅甸避难去了。

安抚未出走的头人

刀栋庭等人是在夜里鸡叫头遍时悄悄地出走的，神不知，鬼不觉。到天亮时谁也不知道，以为他们还在睡大觉呢。

召存信得知刀栋庭等人已出走以后，便与召龙诰哈迪雅翁一起，挨家挨户去看望那些没有出走的头人，安慰他们，并把他们召来开会。在会上，他把自己在普洱军政干部学校学习时学到的有关共产党的性质、任务、奋斗目标讲给大家听。

“大家知道，我在 5 月底与鲁文聪司令员去普洱找共产党组织，并留在共产党办的军政干部学校学习。我在普洱亲眼看到，共产党的军队官兵一致，军民亲如一家，根本没有见过什么‘共产共妻’、杀害少数民族领袖人物的现象。我是西双版纳的召景哈，是西双版纳赫赫有名的人物，如果共产党要杀少数民族领袖人物，他们为什么不杀我，反而把我留在干校里学习呢？”召存信说。

大家听召存信这么一说，都交头接耳地说：“对呀，他去普洱找共产党，如果共产党要杀民族头人，他就等于自投罗网了，共产党怎么不抓他、不杀他呢？”

“共产党的牢他没有坐过，国民党的牢他倒是坐过两次了。”

“他去普洱找共产党，共产党不但不关他、不杀他，共产党的头头还亲切地接见他，并留他在军政干校学习，还鼓励他回来后要好好干的嘛。”

召存信继续说，他在普洱军政干部学校学习时，听共产党的领导讲课说：共产党是工人阶级的政党，它的任务是领导全国各族人民打倒帝国主义、封建主义和官僚资本主义，建立新中国，实现各民族政治、经济上的平等。共产党的最终目标，是消灭剥削、消灭阶级，实现共产主义。他解释说，消灭剥削是消灭制度，不是消灭人；消灭阶级是消灭剥削阶级，不是消灭召片领和各级头人，凡是反帝、反蒋、爱国的少数民族上层领袖人物，共产党都是要团结、争取的，要结成最广泛的反帝、反蒋的爱国统一战线。“二纵队的领导在给我们讲课时说，统一战线是中国共产党的‘三大法宝’之一，共产党就是靠这‘三大法宝’一步步发展、壮大起来的。”

“难道共产党真的没有杀过少数民族土司、头人？”刀光强问。

“共产党杀的是民愤极大的土豪劣绅、恶霸地主，绝不杀害爱国、开明的少数民族土司、头人。”召存信说，“我听二纵队的领导说，潞西县的傣族土司方克光、红河的哈尼族土司李和才已倒向共产党，大理、中甸等地的少数民族领袖人物，也没有哪一个被共产党杀掉的嘛，相反，他们已开始投靠共产党。至于国民党散布的那些谣言，是不可信的。我要离开普洱返回西双版纳时，二纵队的领导再三嘱咐我，要我做好团结、稳定西双版纳土司、头人的工作，各民族团结起来，消灭那些横行乡里、鱼肉百姓的国民党93师的'在乡军人'，准备迎接人民解放军解放西双版纳。"

"那'共产共妻'是怎么一回事？"掌管司法、户籍、文书的大臣怀朗曼洪刀学林不解地问。

"那是根本没有的事，是国民党的造谣诬蔑。共产党只没收恶霸地主的土地、财产，分给贫苦的农民。共产党历来主张一夫一妻制，遵守传统的道德规范，绝对没有'共妻'的现象，我们可不能上国民党的当呀！"召存信解释说。

召存信做了工作后，有的头人已不相信共产党搞什么"共产共妻"、要杀害少数民族头人，有的仍半信半疑，有的还在静观形势的变化，有的私下向外地打听，了解外地的形势如何，但情绪已基本上稳定下来了。

1949年9月下旬至1950年1月15日，国民党93师"在乡军人"、叛匪黄国祯部勾结澜沧及周边的地霸武装，向打洛、南峤、佛海发动猛烈的进攻。为了以退为进，保存革命力量，车佛南整训总队和前来支援的镇江整训总队、召存信的民族自卫大队不得不退守江东。

在召存信的积极支持下，部队顺利地渡过了澜沧江。过江后，召存信又动员群众给部队送米、肉和蔬菜来，部队按市价付了款。武工队、民工团和两个整训总队中的多数人过去没有见过召存信，原以为他担任西双版纳的召景哈，官那么大，地位那么高，一定是个老头子，架子也不会小。可现在一见面，发现他身材细高细高的，理着光头，十分年轻，估计他不会超过二十七八岁。他风度翩翩，对人和蔼可亲，主动向他们问寒问暖，没有一点架子。

部队过江后，联合指挥部对下一阶段的战斗任务和力量的组织配备做了进一步的研究、部署：决定车佛南整训总队以曼阁、曼斗为主要据点，由刘世雄指挥，成立江防指挥部，负责防守车里澜沧江渡口上下 20 多公里的江防一线；镇江整训总队负责防守橄榄坝（勐罕）澜沧江渡口上下 20 多公里的防线，以曼景匡、曼岗景、曼听、曼么罕为主要据点；并在原来三个大队现有人员的基础上，编成三个突击队。两个整训总队把江防任务层层落实下去，并强调严守军事纪律的重要性。

我方部队撤到江东岸以后，敌人便迅速地占领了车里县城，切断了我方与车里、佛海、南峤的联系。于是部队的支前工作及后勤供应主要依靠勐养坝区傣族群众的支持。因此，指挥部决定，政治处除抽出部分干部加强部队的政治工作外，其他人都到勐养宣传、发动和组织群众支前和准备迎接解放军进入西双版纳的工作。

为了做好坚壁清野、筹粮迎军工作，政治处把原来的艺工组扩编为艺工队，开展文艺宣传活动。经过宣传动员，在广大群众和民族上层的支持下，筹粮工作取得了很大成绩，不仅解决了两个整训总队的粮食供应问题，而且也为解放军南下歼敌筹集了一些粮草。

邹垲夫、王少和、鲁文聪和召存信把部队撤到江东以后，车里、佛海、南峤三个县全部被敌人占领。国民党93师“在乡军人”到处张贴用汉、傣两种文字写的布告，布告上画着邹垲夫、王少和、鲁文聪和召存信的头像，说谁捉拿到或杀掉这4个人中的1个，悬赏大洋10000元，若4个人都抓到，悬赏大洋50000元。代理宣慰使刀栋庭、内务大臣刀福汉等不明共产党政策的民族领袖人物，也跟随93师的“在乡军人”打回西双版纳，到景帕钪宣慰使的宝座上就坐。93师“在乡军人”及各路反动武装，在罗庚的统一指挥下，在澜沧江西岸沿岸修筑碉堡、工事，严格控制渡江的船只，盘查过往行人，“严防共军渡江”，造成了戒备森严的气氛。

澜沧江畔的黎明

1950年2月中旬，人民解放军38师的两个营在边纵九支队的配合下，开进西双版纳，国民党军残部望风而逃。吴效闵副师长认为，逃到江西岸的敌人已成惊弓之鸟，不堪一击，仅靠地方部队就可以把他们消灭了。再说江对岸都是少数民族地区，部队渡过江去会引起民族、宗教问题，于是他准备将部队带回内地，接受新的任务。召存信知道此情况后，亲率二十多名爱国头人来找吴副师长，坚决要求大军渡过江去消灭敌人。至于大军渡江所需要的船只、竹筏、船工、向导、翻译、粮食等由他亲自去解决，头人、百姓的工作由他亲自去做，保证不会出现什么民族、宗教问题。在召存信的支持帮助下，解放军顺利地渡过了澜沧江，消灭了盘踞在南峤乌龟山上的敌人，使西双版纳全境获得了解放。乌龟山之仗，是解放云南的最后一仗。

要求大军渡江歼敌

1950年12月9日，国民党云南省政府主席卢汉，在昆明光复楼宣布起义,反对以蒋介石为首的国民党反动派,接受中国共产党的领导。

12月16日，蒋介石命令驻云南的嫡系部队第8军和第26军向昆明进行反扑，欲夺回他计划中大陆的“反共复国”基地。但久攻不下昆明，这两支军队恐被解放军围歼于昆明城郊，即向蒙自方向逃跑，妄想依靠蒙自机场，乘飞机逃往台湾。

中国人民解放军第二野战军第四兵团在陈赓司令员的指挥下，采取大迂回、大包围的战略，1950年1月初从广西西部出发,14天内行程一千多公里,进入云南蒙自,袭击并占领了蒙自机场，切断了敌人从蒙自机场乘飞机逃向台湾的道路。与此同时，四野151师、114师也由广西的百色出发，沿中越边境跃进千里，进占滇南边陲重镇河口，在边纵一支队的配合下，封锁了红河中游一线，切断了敌人从陆上逃向越南的道路。

正当人民解放军在墨江官厅、镇源南京街和公山一带围歼敌军170师和教导师时,从红河窜入迤萨、进入“五土司”地盘的残敌第26军93师278团残部和第8军237师709团残部约1500多人,沿绿春县进入墨江,急向江城、镇越、车里、佛海、南峤等边境县逃窜。

人民解放军四兵团14军38师114团两个营在37师副师长吴效闵和该团政委赵培宪的率领下，尾追逃敌进入思普地区。1月下旬，野战军已挺进到把边江一带。

中共思普地委和九支队得到以上情况后，派九支队政治部主任唐登岷赶到通关，与吴效闵副师长联系。同时，在思普地区宣传和发动群众，组织部署阻击敌人，迎接野战军的工作，并派遣钟君劭同志于2月1日赶到车里县勐养乡向镇江、车佛南联合指挥部政委邹增夫、副总指挥鲁文聪传达有关"阻匪迎军"事宜。

2月5日，吴效闵、赵培宪在唐登岷的陪同下，率领部队来到普洱。2月6日，中国人民解放军滇桂黔边区纵队司令员庄田向思普地委和九支队发出了"坚决消灭残匪，大力援军支前"的指示。

这时候，九支队司令部已得到残敌逃窜行踪的情报：敌人将从墨江、江城两县接合部边沿的国境线进入西双版纳，与"在乡军人"会合，在南峤负隅顽抗。因为南峤有一个小飞机场，他们打胜了，可以以此为基地进行反攻倒算，在这期间，可以从空中得到台湾蒋介石的给养和武器弹药补充；如果打输了，他们可以从空中逃往台湾。

2月9日黄昏，人民解放军38师114团两个营和边纵九支队机动营赶到车里县的勐养乡。为了力争在澜沧江的东北岸把敌人消灭干净，吴效闵率领部队取捷径直达橄榄坝阻击敌人。同时命令车佛南整训总队从曼阁渡口过江，迅速占领澜沧江西南岸，堵截敌人。

10日清晨，当部队急行军赶到橄榄坝时，狡猾的93师278团已在4小时前逃离橄榄坝。他们渡过澜沧江，经景哈直往佛海、南峤方向逃窜。江对岸的景哈佛寺、景哈村一带留有后卫部队防守。

吴效闵当即命令部队在橄榄坝边沿的曼团寨子驻扎，一方面决定严密封锁解放军已到橄榄坝的消息，即严加警戒，坝子里的人只准进，不准出，一方面详细研究如何继续追歼残敌的部署。召存信带着民族自卫大队部分人员来找唐登岷。

“召景哈，见到你我太高兴了！”唐登岷高兴地说，指着召存信手下的人问道：“他们都是你领导的民族自卫大队的成员吧？”

“是的，他们都恨透了国民党、蒋介石，恨透了93师的那些‘贺浪’，准备协助大军渡过江去消灭敌人。唐主任，见到你我太高兴了！”召存信激动地说。

“召景哈呀，我带你去见见吴效闵副师长和赵培宪政委。”唐登岷边说边拉着召存信向部队的指挥部走去。

一会儿，就到了指挥部。唐登岷一进门就说：“吴副师长、赵政委，我给你们带来了一个重要客人。”

吴效闵和赵培宪把身子转过来，注视唐登岷带来的这个英俊潇洒、西装革履、皮肤白皙的年轻人。

“召景哈，这是解放军37师的吴效闵副师长。”唐登岷指着身体粗壮、中等身材、满脸红润、身穿绿军装的首长介绍说。又指着高个子、文质彬彬的首长介绍说：“这是解放军114团的赵培宪政委。”

召存信一一向他们合掌施礼、握手。

“吴副师长、赵政委，这位就是召存信先生，是西双版纳车里宣慰司署议事庭的庭长，傣族称为召景哈，是个开明、进步的傣族领袖人物。由于他抵制国民党政府和驻军超额的摊派，曾进过两次国民党的监狱。他恨透了国民党反动派，特别是与那些93师和参谋团的‘在乡军人’有着不共戴天之仇。他亲自组织车里民族自卫大队，配合车佛南整训总队和敌人做斗争。他现在带领自卫大队的部分人员来找我们，配合我们行动。部队需要的向导、翻译，做当地头人、群众的工作等，全由他负责。二位领导有什么事情可以直接找他。”唐登岷同志介绍说。

“召存信先生，唐主任在路上就给我们介绍了你的情况，你还专门到普洱寻找过共产党组织，并要求留在军政干校里学习。你是个开明、进步、拥护革命的傣族领袖人物，真是难能可贵呀！”吴效闵副师长说，“我们开展革命斗争，打倒国民党蒋介石，将来搞社会主义建设，都要团结像你这样的少数民族领袖人物呀！”

“召先生这样开明、思想这样进步，确实很难得呀！”赵培宪政委说。

“我这样做，是被国民党逼出来的，我不要他的命，他就要我的命。摆在我面前的只有一条路，就是跟共产党走，拿起枪和国民党做斗争。吴副师长、赵政委、唐主任，我们早就盼望着解放军来了，你们一来，我们西双版纳就有希望了！欢迎，欢迎！大军有什么困难尽管跟我说，我会尽最大的力量帮助解决的。”

召存信诚挚地说，说话中有点结巴，傣音较重。

“谢谢！谢谢！”吴效闵握着召存信的手说。

“谢谢你，召存信先生！”赵培宪握着召存信的手说。

“召景哈呀，我俩是老朋友，客气话我就不说了。你先把队伍带回驻地休息待命吧！”唐登岷握着召存信的手说。

“好，我先把队伍带回去，等待你们的命令。”召存信说罢，就把队伍带回驻地待命。在研究追歼残敌的会议上，吴效闵副师长认为：部队追歼敌人来到车佛南地区的澜沧江东北岸，任务已经完成。江西南岸那边都是少数民族地区，又靠近中缅、中老边界，民族关系、宗教问题十分复杂，部队渡过江去会引起民族问题。同时，国民党第8军、第26军主力已被歼灭，现在逃过江去的敌人只是残余部队，并且他们已成为惊弓之鸟，不堪一击，仅靠地方部队就能消灭他们。因此，他准备将部队撤回内地，执行其他任务，而把追歼残敌的任务交给地方部队去完成。唐登岷一听，十分着急，他大步流星地走出指挥部，跨上战马，向召存信的驻地飞驰而去。找到召存信后，把吴副师长的打算告诉了他。召存信听了心里更着急。他想，如果114团的解放军一撤走，那些蒋军残部不是又要东山再起、卷土重来，继续在西双版纳称王称霸了吗？西双版纳的各族人民不是又要继续吃苦受罪了吗？就连召存信他自己，也是国民党93师的“贺浪”悬赏捉拿的要人之一，他的性命也难以保障呀！他带上20多个傣族头人骑上马，和唐登岷一起去找吴副师长。

到了指挥部，唐登岷以沉重的心情请求说："吴副师长、赵政委，蒋军残部老奸巨猾、训练有素，特别是93师'在乡军人'，他们长期盘踞在西双版纳，对这里的地形十分熟悉，单靠地方部队过江追歼敌人，恐怕难以完成任务。只有解放军渡过江去，才能迅速歼灭敌人，使西双版纳早日得到解放。不错，这里确实是少数民族地区，民族很多，但各族人民都受够了国民党反动派的压迫、剥削，他们都日夜盼望着解放军来解放他们。各族人民的迫切要求，请你们考虑。现在召存信先生带着20多个头人来了，请你们听听他们的呼声吧！"

"吴副师长、赵政委，现在跟我来的这20多人，都是傣族的爱国头人，他们看透了国民党的腐败，受够了国民党的压迫和剥削，大家都日夜盼望着共产党领导的解放军赶紧打过来，赶紧消灭国民党的那些魔鬼。我们好不容易把你们盼来了，可是你们却不准备过江，准备撤回内地，这使我们十分难过，心里十分着急。国民党93师的那些残兵败将和'在乡军人'，我和他们打交道已有好几年了，他们十分凶狠、狡猾，只有大军过江去才能消灭他们。因此，我代表西双版纳的爱国头人、百姓，强烈要求大军渡江，歼灭残敌，解放西双版纳。"召存信诚恳地说。

"是的，召景哈的意见就是我们的意见。"几个头人都这样说。

“至于民族问题嘛，我是召景哈，头人、百姓多数都会听我的，我将亲自出面去做各民族上层人士、宗教界人士和群众的工作，配合解放军追歼敌人。大军渡江所需要的船只、竹筏、船工以及渡江以后所需要的向导、翻译，由我亲自去安排。”召存信激动地说。

头人们都说：“我们听召景哈的，他叫我们做什么，我们就做什么。那些国民党、‘贺两广’坏透了，他们欺压我们，在我们头上拉屎拉尿，我们受够了。前段时间我们就听召景哈说，共产党好，共产党的军队不但不欺压老百姓，而且能为老百姓谋幸福。我们天天盼望着共产党、解放军来拯救我们，今天好不容易才把你们盼来了。你们不能丢下我们不管呀！”

“我们坚决拥护共产党，坚决要求解放军过江把‘贺两广’全部消灭光！”

在大家的恳切要求下，吴效闵副师长深受感动，心想：像召存信这样的少数民族领袖人物就有这么高的觉悟，对共产党、对解放军爱得这样深，难道我还害怕出现民族问题吗？再说，为了祖国西南边疆的安宁，为了把少数民族人民从水深火热之中拯救出来，有什么困难都能克服。他把拳头紧紧地握起来，坚定地说：“好，就这样定了，渡江！”他语言铿锵有力，当机立断，决定指挥部队过江，迅速歼灭江西南岸的残敌，解放西双版纳。同时，他已通过无线电请示陈赓司令员，得到了上级领导的首肯。

吴效闵、赵培宪和唐登岷当即研究渡江作战的具体问题。他们决定：把召存信和他的秘书李文贡留在指挥部工作；召存信的民族自卫大队配合114团行动；从召存信的民族自卫大队和傣族群众中抽出8人组成翻译、向导组，抽出30人组成宣传供应组，抽出200人组成船工队。由召存信具体负责宣传、发动和组织群众，准备船只、竹筏、担架、军需物资供应及翻译、向导的挑选工作。

召存信从渡口附近的曼景匡、曼么罕、曼岗景、曼降、曼乍等傣族寨子筹集了20多条木船，并动员这些寨子的群众砍扎竹筏28条。经过3天3夜的筹备，一切准备工作就绪。

攻占景哈佛寺

在指挥所里，吴效闵、赵培宪、唐登岷和召存信具体研究了渡江歼敌的部署。他们决定：部队趁天黑雾大的时候强渡澜沧江，先占领江对岸的敌人据点景哈佛寺；然后，经勐龙、黑龙潭，袭击、占领佛海、南峤县城。

2月13日清晨，浓重的雾气弥漫在澜沧江上，相隔几米远的地方几乎都看不见。这里的江面很狭窄，又恰逢枯水季节，江面只有100多米宽，但水流湍急，许多地方还有漩涡。江的东岸是勐罕城子曼岗景，西岸是景哈城子，景哈佛寺就坐落在城子的江边，那里驻有国民党93师278团的后卫部队和一部分“在乡军人”。

在浓雾的笼罩下，一只长条形的木船从东岸向西岸的景哈方向划去。船上有4名青年人，其中有两名是召存信亲自派的傣族船工，另外两个人是吴效闵副师长派出的侦察员，他们打扮成傣族青年。由于水流湍急，木船歪歪斜斜地向着对岸缓缓地划去，不一会儿就靠了岸。那两个侦察员一个叫李贵，一个叫柯林，他俩悄悄地上了岸，摸到景哈佛寺附近的地方侦察敌情和地势。他们把发现的情况记下来，把地形简单地绘在纸上。他们完成任务之后，就被敌人发现了。敌人的哨兵见两个陌生人来到这里，虽然是道地的傣族打扮，却不像本地人，便问："你们是什么人？叫什么名字？"

李贵、柯林见敌人的哨兵已发现他们，便迅速地返回江边，登上木船，叫船工往东岸划去。敌人的哨兵先向他们开了两枪，没有打中。正在吃早饭的敌人听见哨兵放枪，都持枪跑过来了，他们用机枪、冲锋枪向船上的人猛烈地射击。由于江上浓雾弥漫，他们既看不见人，也看不见船，没法射中目标，子弹全打在江水里。担负掩护任务的114团机枪手听见敌人的枪声响了，即向对岸的敌人进行猛烈的还击，掩护李贵、柯林和两名船工上了岸。

2月14日拂晓，解放军38师114团两个营和边纵九支队机动营的指战员，趁着弥天的大雾开始渡江，橡皮船、木船、竹筏一起向江西岸的景哈方向划去。江对岸的敌人发现后，就用机枪猛烈的火力封锁江面。一会儿，划在最前面的橡皮船被敌人的子弹打穿，船上的李排长、战士小姜，不幸身中数弹，落水牺牲。

江东岸的阵地上，解放军114团以强大的火力压制江西岸残敌的火力点，使先头部队顺利地上了岸，迅速地冲进景哈城子。住在城子里的残敌知道解放军过江了，吓得纷纷逃走，只有据守佛寺的一伙敌人，仍利用佛寺的墙壁做掩护，负隅顽抗，他们用机枪、冲锋枪向解放军扫射。我方一名战士头部中弹，踉跄几步就倒下了。又一名战士胸部中弹，也倒下了。

据守景哈佛寺的残敌大部分是93师“在乡军人”，他们在这一带活动已有好多年了，对这里的地形十分熟悉。他们抵挡了一阵子之后，见解放军锐不可当，就趁着天黑雾大逃之夭夭了。

当先头部队占领景哈佛寺时，进攻部队已全部渡过澜沧江，登上西岸，并日夜兼程地向佛海进军。

特殊的“僧侣”

渡过澜沧江后，边纵九支队机动营副营长吕有林带领先头部队赶到勐龙坝子的曼帕扎寨口时，发现在一幢傣家竹楼的阳台上，有3个国民党兵正围着一张篾桌，狼吞虎咽地吃饭，旁边放着2支步枪、1挺机关枪。由于他们饿得慌，只顾埋头吃饭，没有注意外面的动静。吕有林带领部队把竹楼包围起来，自己带上5个人冲上竹楼，敌人还来不及放下碗筷操枪抵抗，就乖乖地当了俘虏。

15日下午，当先头部队到达佛海县苏佛山的黑龙潭时，在附近的南宛寨子里发现了一个可疑的人。这人虽是地道的哈尼人打扮，但走路总是东张西望的，见到解放军拔腿就跑。先头部队见他鬼鬼祟祟的，顿生疑窦，就追上他，把他抓了起来。在审问时，先叫翻译用哈尼话问他："你叫什么名字？从什么地方来？你来这里做什么？"可他只懂几句，而且发音很不准，一下子就露了馅。经过审问，他不得不交代了自己的真实身份。他交代说，他是罗庚、曾宪武残部雇用的情报员，是被指派来刺探我军的军事情报的。他还交代说，佛海县城已无人防守，国民党兵都已汇集到南峤，准备坐飞机逃往台湾。

根据敌人情报员提供的情况，吴效闵召开了紧急的军事会议，决定：为了争取时间，部队不进佛海县城，改道经过勐混，直插景真城子，围歼南峤的残敌；部队要沿着国境线向西南挺进，把敌人压在国境线以内，使他们只能往里窜而不能向外逃；要派出得力的侦察人员到勐混至勐遮一段地方，摸清敌人逃向南峤的行踪，及时报告敌情，作为大部队行动的前导。

吴副师长指派侦察股长王尚勇为侦察组长，114团一营副营长李希林、二营营长李金章和4名侦察员为侦察组成员。召存信从民族自卫大队中挑选一个懂汉语的队员艾邦为侦察组的向导兼翻译。王尚勇接受任务后，就准备带领侦察组出发了。

"王股长，你们这样上路目标太大，应当化化装。"召存信说，"这里的人很尊敬佛爷、和尚，你们就化装成佛爷、和尚吧！”

“好，革命需要咱当和尚，咱就当。”王尚勇干脆地说。

“召存信先生，你的建议很好。但侦察员披上佛爷、和尚的黄袈裟，会不会违背民族、宗教政策，引起民族矛盾呢？”吴效闵既肯定了召存信的建议，也提出了他所担心的问题。

“没有关系，只要不披着黄袈裟去做违背佛教教规、教义的事就行了。万一出了什么差错由我顶着，我会出面去做工作的。”召存信有把握地说。

“好，就让他们8个人都披上黄袈裟吧！”吴副师长高兴地说。

“披黄袈裟是有严格规定的，20岁以下的披和尚的袈裟，20岁以上的披二佛爷的袈裟，你们就披两种不同的袈裟吧。”召存信说。侦察员披上黄袈裟，剃了光头，每人配上一把蒲扇，背上背一口化缘用的大罐，并学会了如何使用蒲扇、化缘时如何叫喊等。

离开指挥部，王尚勇等侦察员在艾邦的带领下，沿着国境线，穿林海，跨箐沟，向勐混、勐遮一带进发。

当侦察组快靠近勐混时，远远地看见敌军的一个哨兵，没精打采地靠在村头的一棵大树上，似乎已经睡着了。

“不要怕，敌人的哨兵在睡觉。”艾邦悄悄地对大家说。

“沉着，通过！”王尚勇低声地命令道。

侦察员们目不斜视，大摇大摆地通过了敌人的岗哨。

艾邦从敌哨兵身边走过时，有意地合掌念了一句经："纳模达沙，帕告瓦多，阿拉哈多，桑玛桑布搭萨！"敌哨兵睁开眼睛，伸伸懒腰说："佛爷好！"丝毫未引起他的怀疑。

傣族和布朗族是西双版纳全民信仰佛教的民族，这里几乎村村有佛寺，寺寺有僧侣。男子 9 岁后即被送进佛寺剃度为僧，僧侣们经常外出诵经、化缘，僧侣们走村串寨，在路上行走，是常有的事，一点也不稀奇。况且缅甸、泰国的僧人也常到这里化缘，即使见到几个陌生的僧人也并不奇怪。因此，王尚勇等人化装成佛爷、和尚去侦察，未引起任何人的怀疑。

走过勐混后，为了察明敌情，王尚勇带领侦察组继续向勐遮方向走去。"得、得、得"，远处传来了一阵马蹄声，他们放眼望去，见 7 个国民党兵骑着马迎面向他们走来。

由于大路两边都是稻田，没有隐蔽的地方，敌人说到就到，气氛十分紧张。

"大家把距离拉开，假装在路边休息，等敌人来到跟前时，一个抓一个，把他们拉下马来！"王尚勇命令道。

7 个敌兵骑着高头大马，悠哉悠哉地走着。当他们来到 8 个"佛爷""和尚"跟前时，王尚勇一挥手，7 个敌兵被推下了马，糊里糊涂地当了俘虏。

"老乡，别误会。我们是给当官的做生意的。"一个敌兵战战兢兢地说。

“对不起，你们先把枪交出来，牵着马往回走！”王尚勇说。

7个敌兵被“和尚”们的枪抵到了身上，只好乖乖地缴了枪，老老实实跟着他们往回走。

快走到勐海与勐混的岔路口时，路边有一个用茅草和竹子盖的田房，房里没有人。王尚勇感到带着俘虏不好侦察，便叫大家停下，把俘虏带到田房里一一审问。

经过审问，俘虏们供认他们是从南峤来的，国民党93师师长叶植南和278团都住在南峤县城里，叶植南和团部住在县政府。他们带的毛毯、日用百货和银元是送往勐混的。

王尚勇感到俘虏们交代的情况很重要，他决定留下两个侦察员看守俘虏，其他人跟他一起去南峤。在南峤，他们转了几个村寨和佛寺后，把敌人布防的情况和地形画在纸上，就沿旧路返回。这时，吴副师长由召存信做向导，率领部队沿国境线向西南方向前进，在路上遇见了王尚勇等人。他听了王尚勇的报告后，立即下命令：部队急速前进，直奔南峤！

奇袭乌龟山

2月16日下午5时左右，吴副师长率领部队沿着弯弯曲曲的山路，来到勐遮坝的景真，眼前出现了一个宽阔平坦的坝子，部队走向了大道。

“南峤！这就是南峤坝子，南峤傣名叫勐遮，吴副师长，这里离南峤县城已经不远了！”召存信激动地报告说。

吴副师长传令，叫部队原地休息。

景真城子有近百户人家，名为“景”（城），实际上是个大村子。城子里除有几幢瓦顶的干栏式木楼外，其余的全是用竹子、木料和草排建盖起来的高脚竹楼，这些瓦房和竹楼都掩映在由各种树木构成的万绿丛中。

吴效闵副师长、赵政委、唐主任、召存信仔细研究了侦察组详细汇报的情况后,具体研究了攻打南峤的部署。

南峤县政府所在的乌龟山，是周围几个山头的制高点。距山下一里多路，有一个军用机场，驻有国民党的空军人员。278团的兵力，一部分在县政府周围，一部分驻扎在机场航空站。吴副师长和大家研究后，决定采取夜间攻击的方式，对敌人进行突然袭击。具体部署是：114团二营主攻县政府，端敌人的老窝；一营攻打飞机场，吃掉航空站里的敌人；边纵九支队机动营迂回到流沙河方向往回打，断敌人的后路；镇江整训总队一、五大队防守景真大桥，准备阻击从勐混方向赶来支援的敌人；车佛南整训总队、镇江整训总队的其他大队以及召存信、刀承宗、张发兴的自卫大队积极配合主力部队作战。

为了保证战斗顺利进行，召存信先到景真城子找代理土司刀廷荣联系，请来熟悉道路的向导，为各路进攻部队带路。刀廷荣也是个开明、进步的傣族上层人士，由于他与国民党93师的“贺浪”积怨甚深，就组织民族自卫中队，参加了鲁文聪的反蒋武装。刀廷荣来了以后，向导的问题很快就解决了。

战斗部署完毕，吴效闵副师长就把指挥部设在刀廷荣的土司司署里。刀廷荣动员群众给部队送来热菜热饭和茶水，使指战员们吃饱喝足、养精蓄锐，准备迎接夜间的战斗。

2 月 16 日正是旧历大年三十。傍晚，乌龟山上的敌人正在宰杀从老百姓那里抢来的猪、牛、鸡、鸭。93 师师长叶植南、278 团团长罗伯刚和他们的部下，准备痛痛快快地度过除夕之夜，他们做梦都没想到“共军”的天兵天将会突然从天而降。

天黑以后，我方各路进攻部队在夜幕的掩护下，整装出发，直奔指定地点。担负进攻县政府任务的 114 团二营在向乌龟山前进时，遇到一道道围墙式的仙人掌阻拦，难以跨越，战士们就用刺刀砍开了一个口子，直抵县政府端敌人的老窝。县政府由两米多高的围墙围着，大门紧闭，指战员们在刀廷荣先生的亲自带领下，摸到后面，他们搭人梯翻进围墙，向敌人发起突然袭击。

二营四连副连长袁跃山发现乌龟山顶有一个长方形的院子，便带领数十名战士，悄悄地从山坳里摸到那个院子的门前。院子的木门紧紧地关闭着。院内西侧有一排平房，里面悄无声息。袁跃山估计到院子里藏有敌人，便命令一个班的战士跳进院子里搜查，但围墙上嵌满了碎玻璃片，不好爬。

一名战士拔出手榴弹，望了一眼袁跃山，用眼神问他是否同意向围墙里扔手榴弹。袁跃山向他点了点头。

这个战士便向院子里扔了一颗手榴弹，随着轰的一声巨响，院子里的敌人鬼哭狼嚎，乱作一团。

“把大门炸开！”袁跃山命令道。

一名战土把4颗手榴弹绑在一起拉开了导火线，把它扔到院门的下面。只听轰的一声，院门被炸开了。

战士们趁着滚滚浓烟，冲进院子里，又把一排手榴弹向敌人扔去，炸得敌人有的血肉横飞，有的举手投降，只有少数敌人从后门悄悄地逃走了。

2月17日夜里1点钟，战斗全面打响。一阵阵密集的枪声和手榴弹爆炸声之后，有的敌人举手投降，有的敌人慌乱地叫喊着破门而逃，边跑边乱打枪。我方指战员一路冲杀，高喊：“缴枪不杀！”顽抗的敌人被当场击毙、刺死，其余敌人举手投降。进攻飞机场航空站的战斗打响后，敌人如惊弓之鸟，没有招架之功，一打就跑。从县政府、山上逃出来的敌人向山下跑，航空站里的敌人向山上跑，顿时乱成一团。这时，我们的部队已把敌人团团围住，敌我双方贴得很近。为了防止误伤，吴副师长经与召存信先生商量，决定暂时停止进攻，待天亮后再“瓮中捉鳖”。

天刚蒙蒙发亮，召存信透过雾气，看见山下的敌人正准备逃跑。他向吴副师长建议，部队立即出击。吴副师长抓住战机，发出进攻命令。顿时，114团侦察排、二营的一个连和边纵九支队机动营的一个连，如同猛虎般从山上猛扑下去，一个冲锋就攻占了敌人的阵地。经过激烈战斗，敌人纷纷举手投降。

攻下敌人山下的阵地之后，召存信又建议解放军抓紧时间围剿，不要让敌人散兵跑掉。吴副师长采纳了他的建议，当即下令114团部分部队进驻县政府，派一部分部队协同边纵九支队机动营搜山。部队以排、班为单位，在山上四处搜剿敌人。上午8时左右，搜山部队押回了一群群狼狈不堪的俘虏，缴获了不少的武器弹药。那些俘虏由于长途跋涉，又饥又渴，人人耷拉着脑袋。

在镇江整训总队镇守的景真大桥附近的山上，有一股饿得脚瘫手软的敌人，他们主动派人来找我方部队联系，说他们已饿了几天几夜，实在支持不住了，愿意缴械投降，请赐给一碗饭吃，赐给一口水喝。我方接受了敌人的投降。

17日上午，刚刚打完仗，搜山归来的部队吃罢饭后就在乌龟山上休息待命。战士们相互依偎着，夹着枪呼呼入睡了。由于大家太累了，睡得很甜，有的还在做梦呢。

这时，残敌93师278团流窜的一个营，正在县城东面向乌龟山走来。在山脚下，他们恰好遇上了我军114团团部去河边挑水的炊事员老刘。

“喂，我们是278团的官兵，奉命来这里会合。老伙计，山上还有饭吗？我们都饿坏了。”一名敌军官对老刘说。

老刘一看是敌人，而且人数还不少，心想，部队没日没夜地连续行军了好几天，又打了一夜的仗，个个疲惫不堪，现在指战员们正在山上休息。如果敌人上了乌龟山，我们的部队肯定要吃亏，不知要有多少战友流血牺牲呀！

于是他灵机一动，对敌军官说："长官，饭莱都做好了，请弟兄们就地休息一下吧，我去报告我们的长官，让他们下山来接你们。"

老刘边说边挑起水桶就走。待走到山坳里时，就把水桶一放，飞跑到指挥部，上气不接下气地向赵培宪报告说："首长，有情况，有一股敌人摸上山来了！"

"有多少人？"赵培宪问。

"大概有 200 人。"老刘回答说。

赵培宪走近窗口向下一看，果然，敌人至少有 200 名。他们有的躺在小河边，有的等得不耐烦了，正三五成群地向乌龟山上走来，有的已快走到山顶。他连忙向空中放了一枪。

指战员们听到枪声，都惊醒了，一个个跃身而起，立即持枪投入战斗。

赵培宪命令一个连队从左边压下去，另一个连队从右边压下去，其余部队占领山顶有利地形，居高临下地袭击敌人。

敌人摸不清楚这是怎么一回事，上峰通知他们来会合的地方，怎么一下子就被"共军"占领了呢？他们为了实现乘飞机逃往台湾的美梦，疯狂地向乌龟山进行反扑，妄图夺取山顶上的有利地形。边纵九支队机动营发现敌人妄想抢占山顶的企图，就用火力猛烈地扫射向山顶爬来的敌人，打退了敌人的四次冲锋，终于迫使敌人缴械投降。

当日下午 5 点钟左右，指战员们正在打扫战场，清理战利品，一架大型运输机飞到南峤的上空盘旋，机翼上印着国民党“青天白日”的徽号，看来这架飞机是按照原计划来迎接蒋军残部到台湾的。114 团和九支队机动营按照俘虏的口供，在地上摆设了联络标志，但敌机没有降落，在空中盘旋了几圈后，就向缅甸方向飞去了。也许是俘虏的口供不实，联络标志被敌人识破了。

乌龟山一仗，我方共击毙敌人七十多名，俘敌五百多名，缴获各种武器一千多件，弹药和军需物品若干。这些武器，用以武装边纵九支队的机动营以及召存信、刀承宗、张发兴的自卫武装。在俘虏群里，没有发现叶植南和罗伯刚。

据俘虏交代，大年三十晚上，叶植南和罗伯刚根本不在南峤的乌龟山，而是在旧笋乡。那天夜里，旧笋乡的地霸、叛匪头目黄国祯正在大摆宴席，宴请他们两人和 278 团的其他头目。

正当他们大吃大喝、得意忘形时，一名士兵给他们送来了一封信，他们打开信一看，顿时惊恐万状。信是解放军写来的，叫他们立即缴械投降，不要负隅顽抗了，如果他们顽抗到底，只有死路一条。这时候，他们再也吃不下去了，好像酒和肉都是苦的。叶植南、罗伯刚在黄国祯部下的引导下，带上 40 多名士兵悄悄地向边境逃窜。吴副师长得到报告后，命令吕有林带上两个连的兵力去阻击，但敌人已逃出国境。

南峤乌龟山的战斗还没有结束，国民党第 8 军 709

团残部五六百人，从江城、镇越窜到橄榄坝，渡过澜沧江后来到车里。20 日，他们向佛海方向逃跑。当他们走到宾房时，得知佛海、南峤两县已解放，又返回车里，向勐龙方向逃窜。

吴效闵副师长得到敌人已过江的情报后，即命令 114 团的两个营向车里进击，同时命令已到勐混的边纵九支队的 42 团，经黑龙潭到车里歼灭这股敌人。

当吴效闵率领部队到达车里县的嘎洒时，得知敌人已向勐龙方向逃窜，即命令部队追击到曼达鸠，在那里与敌人接上了火，俘敌 20 多名，其余敌人已逃出国境。代理宣慰使刀栋庭和内务大臣刀福汉等,也被他们裹胁走了。

南峤乌龟山一仗，是国共两党、两军在云南的最后一仗。从这时候起，五星红旗在澜沧江畔上空飘扬，西双版纳黑暗的历史一去不复返了，各族人民像挺拔的椰子树一样挺起了腰杆。

西双版纳全境解放后，吴副师长率领部队押着俘虏返回蒙自，召存信和傣族的父老乡亲与解放军依依惜别，长途相送。每过一个村寨，都有慰劳站、茶水站，都有由傣族男女青年组成的歌舞队，敲起铓锣、象脚鼓，用悦耳的歌声和优美的舞蹈来感谢亲人解放军。

当部队路过佛海县城时，召存信先生按照傣族最隆重的礼节，请吴副师长骑着大象从热闹的街道上走过，各族群众向解放军拍手欢迎，有的傣族老人还向解放军队伍撒米花，表示祝福，有的人还爬在大树上，站在屋顶上向光荣凯旋的英雄们欢呼。部队路过车里时，召存信留部队在这里住宿一天，请指战员们观看大象拔树表演。他还在景帕钪的宣慰司署设宴招待部队连以上干部，身着节日盛装的傣族少女给英雄们敬酒。

从此，召存信和吴效闵就成了知心朋友。虽然吴效闵走了，两人天各一方，但他们通信不断。当召存信在“文革”中受到迫害时，身为济南军区副司令员的吴效闵来昆明开会时，还专程到西双版纳看望正在接受审查的召存信，鼓励他好好地活下去，要相信共产党、毛主席：“你是解放西双版纳的功臣，你的问题会得到解决，政策会得到落实的……”临走时，吴副司令员给召存信夫妇留下 500 元钱作生活费，召存信夫妇感动得热泪盈眶，一时说不出话来。吴效闵病逝后，他的夫人和儿女们于 1999 年 7 月专程从济南到景洪看望召存信夫妇，看看丈夫、父亲曾经战斗过的西双版纳。

1950 年 3 月上旬，唐登岷主任在佛海县城主持召开了车、佛、南、镇地区扩大的军政干部会议，召存信参加了这次会议。会议总结了追歼敌人、解放西双版纳的经验教训；处理战争中遗留下来的问题；动员镇江、车佛南两个整训总队到普洱参加整编；组织新的民工团、武工队深入各民族村寨，发动各族群众迎接人民解放军第 13 军第 39 师来思普地区和西双版纳驻防。西双版纳的历史，从此揭开了新的一页。

侯政委“微服私访”

1950年4～8月间，时任人民解放军39师政委、普洱地委书记侯德才，亲自到召存信家里“微服私访”，对他拥护共产党、引领解放军渡江歼灭敌人的功劳予以充分的肯定，并赠送给他一把从敌人手中缴获来的手枪，称他为“召存信同志”，使他深受感动。6月上旬，召存信当选为车里县县长；6月18日，毛主席任命他为西南军政委员会民族委员会委员；之后中共云南省委又任命他为普洱地区专员公署副专员。召存信跟共产党、毛主席走的决心已定。

通过头人，接近群众

西双版纳解放了，新的县、区、乡政府相继成立。在街头巷尾、澜沧江边、枝繁叶茂的大榕树下、婀娜多姿的翠竹林里，不时会听到解放军指战员和武工队、民工团成员和当地各族群众嘹亮的歌声。但是，自傣族首领帕雅真于傣历 522 年（1160）以景洪为中心，统一各部落，建立勐泐国以来，这一封建领主制度一直沿袭着，直到 1956 年西双版纳实行和平协商土改时，才从根本上被彻底废除。新中国建立初期，各勐、各村寨仍然由召勐、帕雅、鲊、先各级头人掌握着权力，各族老百姓依然要向土司、头人缴纳租税、门户税。由于各民族头人在本民族群众中有重大影响，他们自称为百姓的“波咪”（父母），老百姓也把他们视为自己的父母，因此头人说话在各族群众中较管用。其次，由于国民党反动派民族压迫制度的影响，加之“在乡军人”和地霸武装的胡作非为、横行乡里，给各族群众造成了“恐汉”“惧汉”的心理，害怕与汉人接触。

因此，在解放初期，共产党和人民政府要开展群众工作，必须通过当地各民族的头人，再由头人去做群众工作，从而渐渐地接近群众。不然，任何工作都是寸步难行的。

人民解放军四兵团 39 师政委兼普洱地委书记侯德才，1950 年 2 月底来到思普地区后，对边疆少数民族地区的工作十分重视。他亲自带领地委工作组，深入边疆第一线，进行调查研究，主持、指导各县首届各族人民代表会议，贯彻中共中央关于边疆工作“慎重、稳进”的总方针以及云南省委为贯彻这一总方针而制定的“团结生产、反帝爱国”的方针。对党的民族、宗教、统战政策和对敌斗争的政策，他亲自向边疆各民族干部、上层人士宣传、讲解，取得了良好的效果，对边疆地区的民族工作产生了深远的影响。1950 年 4 月，侯德才政委到佛海后，对以召存信、刀承宗为首的傣族领袖人物能努力摆脱国民党反动派的黑暗统治，投靠共产党，并千方百计地发动当地群众，组织民族自卫武装，协助和配合解放军过江消灭敌人解放西双版纳给予了高度赞赏。根据侯政委的建议，并报上级批准，任命召存信为车里县副县长，协助余松代理县长工作。后来又报请上级批准，任命刀承宗为佛海县副县长。

侯政委还指示，由于西双版纳地处边疆，与缅甸、老挝山水相连，敌情复杂，民族隔阂很深，要各县组织一个武装小分队，深入各区协助各区指导员（党代表），选出出席县首届各民族代表大会的代表。他将到各县亲临指导，并把各县开会时间顺序排好。

侯政委再三指出，要做好少数民族上层人士的工作，只要稳住了民族上层，边疆也就稳定了。“做好民族上层的工作，一是要‘微服私访’，以真心换真心，也就是说，可以和他们直接交谈，宣传党的政策，和他们交朋友；二是要做好少数民族上层子女的工作，送他们到内地学习，培养他们入团、入党，让他们去做自己父母的工作。”

1950年5月，车里县武装小分队成立了，队长由刚刚从宁洱军分区基干工团（原边纵43团）转业的李群同志担任，她当时是县委的组织部长。他们肩背背包，脚穿草鞋，从县城步行出发，经勐养、昆格山、基诺山、橄榄坝、勐龙、务本区（今勐海县勐宋乡），最后回到县城，历时一个多月。他们的主要任务是：宣传党的民族政策，疏通民族关系，稳定民族上层，选出各界代表人物。他们所到之处，都自觉地遵守“三大纪律八项注意”，在工作中，不拿群众一针一线。

为了做好民族上层人士的工作，小分队同志吃住都在土司、头人家，帮助他们舂米、挑水、打扫卫生，并以半开银元付伙食费。对此，土司、头人很感动，他们说：“国民党军政人员无论到哪里，不仅白吃、白喝、白拿，而且还要派款、派夫、派粮、收马脚费、走路费，借机进行罚款，敲诈勒索。有的还要叫长得漂亮的姑娘来陪他们睡觉。汉人与汉人不一样，你们是新汉人、好汉人！”

由于取得了土司、头人的信任，小分队的工作进展顺利。由当地土司、头人主持开会，选出了出席车里县首届各族各界代表会议的代表。

侯政委赠枪

1950年6月，车里县首届各族各界代表会议准备工作就绪。

一天，侯德才政委带着地委工作组，风尘仆仆地从勐海步行到景洪。6月份是西双版纳最炎热的季节，白天室外温度高达四十多摄氏度。他不骑马，和大家一起翻山越岭，而他的坐骑用来为大家驮行李。他们走了一天半时间，好不容易才走到景洪。车里县委书记、代理县长余松，组织部和宣传部部长等同志到县政府大门口迎接侯政委一行，并给他们安排了食宿。

“侯政委，明天您有何打算？”余松同志问。

“明天我想去宣慰城拜访召存信副县长，他是一位难得的民族领袖人物。”侯德才说，“召存信虽身为车里宣慰司署议事庭庭长，可他对国民党反动派的黑暗统治、民族压迫制度和祸国殃民的行为深恶痛绝，毅然决然地投身革命，拥护共产党，协助、配合解放军渡过澜沧江消灭敌人，是十分难能可贵的。今天革命胜利了，我们在边疆少数民族地区工作，就是要团结、依靠像召存信副县长这样的人。余松同志，明天你和我一起去吧！”侯政委滔滔不绝地说。

“好，侯政委，明天我陪您去！我和召副县长已经是老朋友、老战友了，我也想去看看他。”余松干脆地说，“我们还是骑马去吧！因为您连续走了两天的路，太累了。”

“不，为了表示我们的诚意，我们要‘微服私访’，还是走路去吧！”侯德才政委说，“再说，这里到处都是绿树成荫，我很喜欢在林荫下走路。”

“那好，我们就以步当车吧，好在宣慰城离这里只有十来里路，走一个多钟头就到了。”余松说。

翌日早晨，天气晴朗，侯政委在余松的陪同下，带上1名警卫员，就向宣慰城的方向走去。

从车里县城到宣慰城要经过3个傣族寨子，要过1条小河，名叫流沙河。

他们经过曼景兰、曼听、曼龙框3个寨子，就到了流沙河边，河上架着一座篾笆桥。他们走过篾笆桥，又走过了一片芦苇地，就到了宣慰城的第一个寨子。街子依山而建，全是茅草房。寨子下面的开阔地上，有两排用竹木、草排盖的街房。这里是兴赶早市的，因为天气热，太阳一露出头，赶街的人就散了。他们来到这里时，太阳刚出来，人还没有走完，街房里还在继续卖着东西。街房以外的草皮上，穿着傣装和哈尼服装的妇女在卖各种野菜、竹笋。

“侯政委，这个街子就叫宣慰街，街子所在的这个寨子叫曼嘎，意为街子寨，这是宣慰城的第一个寨子。这条街，人称‘宣慰街’，也有人把整个宣慰城称为‘宣慰街’。”余松介绍说。

“宣慰城有几个寨子？”侯政委问。

“有8个寨子，其中：曼岗景、曼帕萨、曼控掌、曼龙栋为贵族寨子；曼勒为建寨最早的本地人居住的寨子；曼空贺为专门服侍宣慰使司署的奴隶寨；曼瓦为专门服侍总佛寺瓦龙的寺奴寨。再一个就是曼嘎，这个寨子既不属于贵族寨，也不属于奴隶寨，是从四面八方来的人居住的寨子。”余松回答说。

“那么，召存信副县长住在哪一个寨子呢？”侯政委问。

“他就住在曼龙栋，从曼嘎排过去的第2个寨子。”余松回答说，“再走一会儿就到召副县长的家了。”

召存信的家就在路边，是一幢精致的瓦顶木楼，院子里栽有好几棵椰子树和槟榔树，院子用编扎得很细的篾笆墙围着，院墙里面又栽有一层霸王鞭。

召存信和妻子刀美英见余松县长带着一个身材魁梧的军人和一名警卫员来，估计那个高大的军人就是39师政委兼普洱地委书记侯德才，就下楼欢迎。

“召副县长，这是侯政委，他今天特地来拜访您！”余松向召存信介绍说。

“您好，召副县长！”侯德才紧紧地握着召存信的手说。

“欢迎！欢迎您，侯政委！”召存信热情地说。说着，他就拉着侯政委的手上楼。

这一天，召存信夫妇以傣家人最高的礼遇接待侯政委一行，即请德高望重的长者为他们举行拴线仪式，给他们洗尘，为他们祝福。祝福知心的客人在西双版纳、在家百事如意，出门遇好人，愿他们的灵魂和心与西双版纳百姓的灵魂和心拴在一起，永不分离。

“召副县长，您是一位爱国、反蒋、开明的傣族领袖人物，十分难得。您相信、投靠和拥护共产党，组织民族自卫武装与国民党反动派作斗争，并支持、配合解放军渡江作战、消灭敌人，使西双版纳全境的解放十分顺利。可以说，您为西双版纳的解放做出了不可磨灭的贡献，对此，共产党不会忘记您！人民不会忘记您！”侯政委说着，从怀里掏出一支手枪，交到召存信手里：“召存信同志，这是我在战斗中缴获的敌人的一支手枪，送给您做个纪念吧！”

召存信接过闪闪发亮的手枪，顿时热泪盈眶，激动得半晌说不出话来。过去，国民党只会逼他要钱要枪，并把枪口对准他，从来没有人把枪送给他，况且他还坐过国民党的牢。侯政委是共产党的领导，侯政委把枪赠送给他，而且是他自己缴获的敌人的枪，十分珍贵，这说明了共产党对他是高度信任的，共产党把他当成了自己的人。特别是侯政委称他为“同志”，他更是感到亲切，他知道“同志”的含义是“志同道合”，只有革命者之间才以“同志”相称。

说着说着，已到午饭时间。召存信夫妇用香茅草烤鱼、凉拌鸡肉、烤鲜竹笋、三鲜野菜汤、黄糯米饭等，招待侯政委、余代县长一行。

召存信边吃边说：“国民党的民族压迫制度和黑暗统治给西双版纳各族人民，同时也给我本人带来了无穷的灾难。而共产党解放了全中国，让老百姓过上好日子，看到了中国的前途，看到了希望。今天我又见到了侯政委，侯政委称我为同志，并把手枪赠送给我，这是共产党对我的高度信任，因此，我跟共产党、毛主席走，决心已定，决不动摇！”

吃罢午饭，召存信陪同侯政委一行到宣慰使司署的“中宫”拜会了原代理宣慰使、他妻子的二舅父刀栋刚，到曼控掌拜会了“总理大臣”召龙诰哈迪雅翁，到曼岗景拜会了主管司法、户籍的大臣刀学林等，并陪他们参观了宣慰使司署、议事庭，参观了总佛寺“瓦龙”和位于曼控掌后山的瓦庄栋佛寺，并拜会了高僧枯巴勐等。

侯政委、余代县长在拜访刀栋刚、召龙诰哈迪雅翁、刀学林、怀朗庄旺等人时，除了向他们表示问候以外，还欢迎他们出来参加政府工作，并请他们带口信给代理宣慰使刀栋庭先生：“共产党和人民政府欢迎他回到祖国怀抱，参加人民政府的工作，和召存信等爱国人士一起，共同管理好本民族、本地区的内务事务。”

这一天夜里，侯德才、余松和警卫员就在召存信家住下了。吃罢晚饭，他们在召存信的陪同下，先到江边散步，边走边谈西双版纳的风光景物、风俗民情，然后回到家里聊家常。到这时候，他们之间不仅以“同志”相称，而且已经无拘无束，无话不谈了。

毛主席的任命书

车里县首届各族各界代表会议，终于在6月下旬的一天早晨开幕了。出席这次会议的有来自全县各区的127

名代表。会议即将开始时，一个高大魁梧的解放军首长面带微笑地以稳健的步伐步入会场，这时全场起立，报以经久不息的掌声。这位首长就是侯德才政委。掌声停止后，侯政委在主席台上正中间的位子入座，余松代县长、召存信副县长以及新选出来的各区区长按各人的座位入座。

大家都坐下之后，代表们才发现，侯政委右边的一个座位空着，没有谁去坐。代表们都把目光投向这个空着的座位，心里在想：是谁迟到？是谁缺席？这个位子究竟是留给谁来坐的？

会议由代理县长余松同志主持，他宣布："各位代表，云南省车里县各族各界代表会议现在开幕！请中国人民解放军 39 师政委、普洱地委书记侯德才同志作报告。"在雷鸣般的掌声之后，会场里鸦雀无声，代表们都在静听侯政委的报告。

侯政委用洪亮而铿锵有力的声音讲道："车里县各族各界代表们、同志们、朋友们，你们一定想知道我旁边的这个位子空着，是等谁来坐吧？我现在代表普洱地区党、政、军领导庄严宣告：这个座位是留给车里代理宣慰使（召片领）刀栋庭先生的，因他不明真相，不了解共产党的政策，一时受国民党反动派蛊惑而出走国外，我们有信心争取他回到祖国的怀抱里，请他在人民政府中任职……"他讲到这里，全场爆发出经久不息的掌声。原民族自卫大队的大队长助理、现任县人民政府的秘书李文贡，又把侯政委的话翻译了一遍，会场上再一次爆发出热烈的掌声。许多代表都流下了热泪，他们料想不到共产党的干部会这样宽宏大量，不计前嫌，大家都很感动。

会议传达贯彻了中央关于边疆工作“慎重、稳进”的总方针，以及云南省委制定的“团结生产、反帝爱国”的方针，号召全县各族人民在“团结生产、反帝爱国”的旗帜下，恢复和发展生产，不断改善生活；团结起来，共同对付盘踞在境外的国民党军残部和美蒋特务的破坏活动；逐步疏通民族关系，消除民族隔阂，实行民族平等。会议代表一致选举召存信同志为车里县县长。

召存信担任县长以后，就把家迁到车里县人民政府长住了。6 月 18 日，毛泽东主席任命召存信为西南军政委员会民族委员会委员；7 月 16 日，中共云南省委、省军政委员会任命召存信为普洱地区行政专员公署副专员。

接到这两张任命书，特别是接到中央的任命书，看到“毛泽东”3 个字的署名，召存信心里激动不已。在 1945 年以前，他就隐隐约约地听到毛泽东的名字。那是从国民党方面传出来的，他们把他描绘成与蒋委员长作对的“十恶不赦”的人。到 1947 年他认识鲁文聪以后，才逐渐懂得毛泽东是共产党的伟大领袖，他是为人民谋幸福的伟人，他的思维极其敏锐，指挥打仗可厉害了。从那时起，他就开始崇拜毛泽东了，但他对毛泽东的生平、不平凡的经历和他的伟大思想却一无所知。直到 1949 年 6 月底他进入共产党办的普洱军政干部学校学习以后，对共产党和毛泽东才有了进一步的认识。

今天召存信接到由毛主席亲自签署的任命书，他怎么也不敢相信自己的眼睛，可是这是实实在在的毛主席的名字“毛泽东”呀！他为西双版纳的解放做了一点自己应该做的事，毛主席怎么会知道的呢？！毛主席这位伟大的领袖能亲自点他的将，毛主席知道他的名字，是他一生最大的荣耀，是他们民族的光荣，是共产党关心少数民族的具体体现，这与国民党反动派和历代反动统治者制造的民族压迫、民族歧视、民族隔阂有着多么大的区别呀！

捧着这张由毛主席亲自签署的任命书，召存信热泪盈眶，他对妻子喃喃地说：“毛主席，毛主席真好，毛主席住在北京，虽然和我们隔着千座山、万条河，但他随时惦念着我们，给我们指出光明的前途，我们有什么理由不跟共产党、毛主席走呢？！”

“是的，毛主席真好，毛主席‘多儒该栽儒改’⑤，是我们傣家人的贴心人！”刀美英从丈夫手里接过任命书，仔细端详着说，她的眼眶里也噙满了激动的泪花。

“爱妻呀，我们要世世代代地跟共产党、毛主席走。共产党、毛主席叫我们下河，我们不能说怕水打湿衣裳；叫我们钻山洞，我们不能说腰杆长；叫我们钻黑屋子，我们不能说怕烟熏。总而言之，共产党、毛主席叫我们干什么，我们就干什么。如果没有共产党、毛主席，我可能早就被国民党93师的‘贺两广’剖腹挖心了……”召存信感慨万端地说。

献金伞

1950年9月底，召存信等人冲破重重困难和阻力，来到首都北京，参加国庆一周年观礼活动，分别参加了国务院和中央办公厅举行的国宴，见到了毛泽东、朱德、刘少奇、周恩来等中央领导同志。10月1日，在天安门广场观礼台观看了国庆阅兵式和首都群众的庆祝游行。10月3日，他与西双版纳末代宣慰使刀世勋一起，把象征傣族封建领主权力的金伞献给了毛主席，接受了毛主席关于“中华人民共和国各族人民团结起来”的题词。

赴京前的准备

车里、佛海、南峤、镇越首届各族各界代表会议结束之后，召存信先生的心情一直不平静。虽然解放才有半年的时间，但形势已经安定下来了。因为害怕“贺两广”，害怕汉人而躲到深山老林、山洞里的人们纷纷回来了，他们在武工队、民工团的帮助下，开始恢复和发展生产了。丢荒的田地有人耕耘、播种了，丢荒的菜园、果园有人锄草、修枝了，被堵塞的水沟有人疏通了。

新鲜事物不断在出现：各县人民政府在十分困难的情况下，拨出一定资金，扶持各族农民恢复和发展生产，如发放救济粮、救济款，帮助各族农民解决耕牛、种籽、农具的困难，组织农民兴修水利，生产自救。1950 年 7 月，佛海县成立了民族贸易公司，这可是西双版纳的第一家国营贸易公司呀。接着各县也相继建立了国营贸易小组。这些贸易机构在交通十分闭塞、物资十分匮乏的情况下，千方百计地寻找货源，给各族人民供应布匹、盐巴、针线、火柴、煤油、农具，并收购茶叶、棉花、兽皮、樟脑、药材等土特产品，使各族人民的生活得到改善。

文教卫生工作得到了初步开展。召存信知道，西双版纳在 1920 年以前没有学校，男孩只有剃度为僧，才能通过学习佛经而学到傣文。从 20 世纪 20 年代起，国民党政府和美国基督教传教士先后在景洪、宣慰城、勐海、勐遮、易武办过 11 所小学，1 所“十二版纳中学”和 1 所简易师范学校。可是到 1948 年底，这些学校都先后停办了。到 1950 年 2 月只剩下 6 所学校，而且只有空的学校，没有老师和学生，听不到学生的读书声。1950 年 8 月，党和政府在以上地方恢复、重建了小学，从武工队、民工团中抽调人员当老师，使这些寂静了多时的学校又响起了学生们琅琅的读书声。

召存信清楚地记得：西双版纳过去是令人谈虎色变的“蛮烟之地”“瘴疠之区”，天花、霍乱、疟疾、鼠疫等烈性传染病肆虐。由于这里没有医疗机构，缺医少药，老百姓得了病，只有用一点传统的草药医治，而大多数人只能通过求神拜佛来“保佑”自己。因此，得了烈性传染病的人多数是没救的。新中国建立后，解放军的医疗队、武工队、民工团的卫生员免费给各族病人看病，初步开展了医疗卫生工作。这些都给西双版纳各族人民留下了深刻的印象，认为“共产党比国民党好多了”，“共产党能为老百姓办好事”。这些变化，这些新情况，老百姓是看得见、摸得着的。

召存信看到自己家乡的变化，感到由衷的高兴，身上好像有使不完的劲。他亲自深入景洪、勐养、勐罕、勐龙等地农村，带领农民修沟挖渠，宣传共产党的民族政策。

为了能让全国各族人民的代表欢聚一堂，感受到新中国民族大家庭的温暖，1950 年 6 月至 7 月份，中央人民政府决定从分散居住在祖国各地的各兄弟民族中选派代表组成代表团，赴北京参加国庆盛典。当年8月，西南局及西南军政委员会领导邓小平、刘伯承、贺龙指示，由西南军政委员会副主席兼西南民族事务委员会主任王维舟负责西南各族国庆观礼代表团的筹组事宜。他们强调，选派代表要突出西南世居民族的广泛性和人员的代表性，要以少数民族上层为主、各界人士均有代表的原则组建代表团。根据西南局和西南军政委员会的指示，云南、四川、贵州、西康等省积极动员，选派各族各界人士代表，组成了160人的代表团，其中代表64人，各民族文工队员73人，工作人员23人。在全国7个代表团中，西南代表团的阵容最大。在西南代表团中，云南代表就占了53名，代表中有土司、头人等民族上层人士及亲属、统战人士、传教士、农民、青年学生、各级人民政府干部等。代表中有藏族、彝族、回族、傣族、白族、纳西族、佤族等17个民族，年纪最大的有66岁，最小的仅有14岁。

1950年8月下旬，中共云南省委、省军政委员会向设在勐海的车佛南中心县委发来了通知，要动员召存信、召龙诰哈迪雅翁、刀学林、刀栋刚、刀承宗等少数民族上层领袖人物到北京，参加中华人民共和国建立一周年国庆观礼活动，并要求尽可能动员更多的人去。那时侯德才政委还在中心县委指导工作，他接到通知后，就亲自动员召存信、刀承宗去参加，并通过他们去动员召龙诰哈迪雅翁、刀栋刚、刀学林和勐海土司刀宗汉的长女刀卉芳等人去北京参加国庆观礼。

经过做工作，召存信及其助手刀文宗（即李文贡）、刀承宗，勐养宣慰使官亲刀定国的长子、佛海军政干校学员刀学良等 4 人毫不犹豫地同意去，他们要求省委、省政府帮助寻找自 1948 年 9 月以后一直杳无音信的末代召片领——刀世勋，如果能找到他，希望能动员他和他们一起去北京参加国庆观礼。

召龙诰哈迪雅翁、刀栋刚、刀学林等人有所担心，借年事已高、行动不便推辞不去北京。

刀卉芳虽然同意去，但她说她要带只有 14 岁的弟弟、勐海的小土司刀述仁去，如果他弟弟不能去，她也就不去了。经中心县委经请示省委后，同意刀卉芳姐弟俩一起去北京。

在出发之前，召存信等人心想：毛主席是全国各族人民的大恩人、大救星，我们西双版纳的代表，该给毛主席带些什么礼物呢？想来想去，终于想出了四件礼物。

一是金伞。它是傣族封建领主权力的象征。把金伞献给毛主席，意义十分重大、深远。二是贝叶经。它是傣族人民文化的宝藏。三是茶叶。西双版纳是驰名中外的普洱茶的故乡，茶叶是西双版纳的土特产，把茶叶献给毛主席，非常合适。四是傣族服装。这是傣族的标志，把它献给毛主席，表示我们傣家人心里想着毛主席，意义非常深刻。

1950 年 8 月下旬，召存信等 6 人在解放军的护卫下，由景洪骑马出发，七八天后到普洱，然后和思普地区的代表一起骑马出发，于 9 月 20 日到达昆明，被安置在谊安大厦休息。

见到了末代傣王

召存信等国庆观礼代表抵达昆明以后，省委、省军政委员会的领导来到谊安大厦看望他们，使他们深受感动。

召存信等人了解到，到谊安大厦来看望他们的省军政委员会领导中，就有副主席张冲，他性格开朗，身体壮实，脸色酱红，头发粗而油黑，彝族男子汉的特征很浓。召存信从他的身上看到了希望，跟共产党走的信心更加坚定了。

召存信等人通过张冲副主席，了解到了宣慰使、末代傣王刀世勋的下落。张冲告诉他们：刀世勋 1948 年 9 月途经昆明去南京时，在卢汉主席的劝告下没有去南京中正中学读书，而留在云南大学先修班就读，最近考上了云南大学，还没有去报到呢。

召存信对张冲说："张副主席，我们想见见他，并想让他和我们一起去北京参加国庆观礼，行吗？""可以，我马上跟省主席汇报，同时做好刀世勋的思想工作，让他和你们一起去。"张冲回答得很干脆。

经过张冲副主席从中斡旋，省委、省军政委员会同意让刀世勋作为观礼代表团的正式成员赴京参加国庆观礼，他和召存信一样，是西双版纳的首席代表。刀世勋本人也乐意去，并到谊安大厦与召存信等人见了面。

金伞献给毛主席

云南观礼团分两批赴重庆集中，又乘飞机直抵北京。他们到北京后，刚好赶上政务院总理周恩来1950年9月29日晚在北京饭店专门为各民族观礼团设的宴会。中央人民政府副主席朱德、刘少奇、李济深和政务院副总理陈云、郭沫若、黄炎培出席。

9月30日晚，毛泽东主席举行盛大宴会，欢庆新中国第一个国庆节。中央人民政府副主席朱德、李济深、宋庆龄、张澜以及中央人民政府各部门的领导出席了宴会。来自全国各地的各民族观礼团、各民主党派代表、战斗英雄、劳动模范等800多人应邀出席。

召存信在指定的席位上坐下不久，毛主席等中央领导就神采奕奕地走进了宴会厅。这时全场起立，爆发出雷鸣般经久不息的掌声。不知不觉中，召存信流下了激动的热泪，其他代表也热泪盈眶。

大家刚落座不久，时任政务院秘书长、中央招待委员会主任的李维汉同志把召存信拉到毛主席身边，介绍说："毛主席，这位是来自云南省西双版纳的傣族代表召存信同志。"

毛主席用他那温暖的大手握着召存信的手，用浓重的湖南口音说："召存信同志，你在解放西双版纳的斗争中所起的作用，我知道了。你很年轻嘛，希望你跟着共产党走，建设好社会主义的新边疆。”

毛主席的手是那样温暖，召存信的手被毛主席的手握住之后，像有一股暖流通向他的每一根血管，浑身都是热乎乎的。毛主席的面容是那样的和蔼、慈祥，身材是那样魁梧，体魄是那样健壮，他的健康是全国各族人民的幸福呀！毛主席的话语，是那样亲切，那样掷地有声，那样令人振奋！召存信简直不敢相信自己的耳朵，不知自己是在梦里，还是在现实之中。

“毛主席、共产党给边疆各族人民带来的幸福，我们子孙万代都会铭记在心里。毛主席呀，我一定遵照您的教导去做，把西双版纳建设好！”召存信紧紧地握着毛主席的手，用颤抖的、略带结巴的话语喃喃地说。

国庆招待会结束之后，召存信等人回到了清朝皇后曾住过的畅观楼宾馆，整夜都沉浸在幸福、甜蜜的回忆之中，辗转反侧，难以入眠。蓦然间，他想起，西双版纳各族人民委托他献给毛主席的礼物还留在自己的身边。由于他过分激动，忘记了把这些珍贵的礼物献给毛主席。他十分后悔，担心没有机会再见到毛主席，待回到西双版纳后，该怎样向各族人民交代呢？

10月1日早上6点钟，召存信和观礼代表们入场时，天安门广场上已站满手擎鲜花的少先队员。东长安街、南池子、北池子等已挤满参加阅兵式的解放军官兵和参加游行的群众队伍。

上午10点钟，党和国家领导人毛泽东、朱德、刘少奇、周恩来等登上了天安门城楼，毛主席站在城楼的中央，向广场上的人们挥手致意。大会正式开始，首先举行阅兵式，中国人民解放军朱德总司令乘坐敞篷轿车，检阅了陆、海、空三军和公安部队。接着，举行部队分列式检阅，步兵、炮兵、装甲兵、骑兵、战斗摩托化队、空军、公安部队，排着整齐的方队，喊着口号，迈着正步依次由东向西走过天安门广场。

一会儿，空中传来了飞机的轰鸣声。召存信和代表们抬头望天，只见一架架军用飞机以 5 架为一组，排着整齐的队伍，从天安门广场的上空飞过。

阅兵式结束后，盛大的群众游行开始。首都工人、农民、学生、市民 36 万人，排着整齐的队伍，呼喊着口号，簇拥着“民族大团结”“军民大团结”“恢复和发展生产”“中国人民必胜”的各种彩车，高举着鲜花、彩旗和毛主席、朱总司令的画像，从东向西通过天安门广场，接受中央领导同志的检阅。

10 月 3 日晚 7 时半，毛泽东、朱德、刘少奇、周恩来、宋庆龄、李济深、张澜、高岗、董必武、陈云、郭沫若、黄炎培等中央领导在怀仁堂接见各民族观礼团，并接受大家敬献的礼物。

当中央人民政府秘书长林伯渠宣布献礼开始时，毛泽东主席面带微笑，在庄严的军乐声中出现在会场东面的门前，全场立刻响起暴风雨般的掌声。内蒙古和西北的代表排着整齐的队伍，依次走上主席台向毛主席献礼。轮到西南代表团献礼时，朱德、刘少奇、周恩来、宋庆龄、李济深、张澜、高岗等登上主席台，与毛主席一道接受献礼。这回召存信早就把闪烁着金光宝气的金伞打开，擎在手上，他和末代傣王刀世勋一起，排着队走上主席台，把金伞和锦旗献给了毛主席。

“敬爱的毛主席，西双版纳各族人民委托我们把这把金伞献给您，请您一定收下！”召存信一字一句地说。

毛主席看到这把伞很特别，接过来仔细地看看，又试着收缩和撑开一次，然后把它交给了工作人员。他握着召存信和刀世勋的手说：“谢谢西双版纳各族人民，我相信解放了的西双版纳，在社会主义的旗帜下，一定会建设得更加美丽富饶的。”

刀承宗、刀卉芳等人也向毛主席敬献了贝叶经、普洱茶和民族服装，毛主席一一和他们握手致意。

在北京，召存信和观礼代表团的同志们参观了工厂、农村、机关、商店、部队、学校，也游览了故宫、天坛、颐和园、八达岭长城、明十三陵等名胜古迹，开阔了眼界，增长了见识，所到之处都受到了首都各界人士的热烈欢迎和亲切的接待，使他们沉浸在民族大家庭浓浓的气氛之中。

10 月 25 日晚，全国政协举行宴会，欢送即将离开北京的各民族代表团。根据毛主席的亲自安排，10 月 26 日，西南代表团乘火车赴天津、南京、上海等地参观；11 月 21 日，代表团从上海乘飞机回到重庆。当晚 7 时，西南军政委员会、西南军区、西南局和重庆市委在西南军区大礼堂为代表团举行隆重的欢迎大会。翌日下午，邓小平同志指示以西南局、西南军政委员会、西南军区和中共重庆市委名义，在重庆市胜利大厦设宴欢迎代表团的归来。

云南代表 12 月 7 日回到昆明，昆明市各界人士 6000 多人在胜利堂前集会，热烈欢迎代表们胜利归来。代表们在昆明参观几天后，刀世勋继续留在昆明求学，召存信、刀承宗、刀卉芳等人返回西双版纳。

“比比农农”

召存信等人参加国庆观礼活动于1950年12月26日回到普洱以后，就参加了普洱地区兄弟民族代表大会。大会宣传了党的民族政策，并酝酿建立民族团结誓词碑的事宜。1951年1月1日，在普洱广场举行的千人剽牛、饮鸡血酒签字大会上，召存信第一个在民族团结誓词上签了名，表示要和各民族人民搞好团结，永生永世跟共产党、毛主席走。回到西双版纳后，召存信发现在敌人的造谣、蛊惑之下，上层头人和百姓人心惶惶，便将头人、百姓200多人带到瓦庄栋佛寺，和共产党的县委书记等人在佛像的面前拜佛，共饮咒水和鸡血酒，表示要忠于共产党、毛主席，和敌人斗争到底。

剽牛盟誓

“比比农农”是傣语，意为兄弟姐妹。这是解放后召存信常用的一句口头语，也是发自他内心的一句话。他用这句话来说明解放后民族压迫制度已被废除，各族人民是一家人，是兄弟姐妹，大家不要分彼此、高低、大小。

召存信去北京参加国庆观礼，既看到了祖国大地的辽阔广大，也看到了昔日贫穷落后、被帝国主义瓜分得四分五裂的祖国，如今在共产党、毛主席的领导下，正在恢复和发展生产，开始走向繁荣富强的道路。毛主席在怀仁堂接见少数民族国庆观礼代表团，并接受各族人民敬献的各种礼品，同时送给每个代表团成员一套毛呢中山服，并挥毫为各族人民题词：“中华人民共和国各民族团结起来！”朱德、刘少奇、周恩来、宋庆龄、李济深、张澜等党和国家领导人也分别题词，号召全国各族人民紧密团结起来，为建设独立、民主、和平、繁荣、富强的新中国而奋斗。

在赴京参加国庆观礼的代表团回来之前，中共普洱地委根据边疆实际，正确贯彻党中央制定的民族政策，按照“团结进步、团结生产、团结对敌”的指导思想，拟在12月下旬在普洱召开普洱专区兄弟民族代表会议，届时将有来自全区15个县26个少数民族（含支系）的头人、首领、酋长代表及地方党政领导、代表共300多人参加。

召存信等人是12月26日回到普洱的，当时已有包括西双版纳的召龙诰哈迪雅翁（都龙诰）、张斡臣（基诺族）、杜阿尼（基诺族）、刀正国（傣族）、刀应达（傣族）在内的270名代表等着他们。27日上午，普洱专区兄弟民族代表会议隆重召开，会议连续开了5天，31日结束。

在代表会议开幕式上，中共普洱地委书记、39师政委张钧致辞说："……中国自有史以来，各民族都没有团结互助，各民族一直在帝国主义、国民党反动派的压迫下生活，那时实行的是侵略、压迫、分裂的民族政策。自中国共产党诞生以来，在毛主席的领导下，对各民族都是主张团结互助、自由平等的，这就是我们今天的民族政策。同时，我们要反对大民族主义和狭隘的民族主义。现在帝国主义还没有死亡，蒋介石残部还想死灰复燃。因此我们兄弟民族要紧紧地团结在共产党、毛主席的旗帜下，把敢于侵略我们的帝国主义和蒋匪帮们，坚决、彻底地消灭干净……"

会议用3天的时间听报告和讨论。到会代表都说：过去各族人民受够了历代封建王朝和国民党反动派的压迫、剥削，是共产党、毛主席拯救了我们，因此，"我们要相信和拥护共产党、毛主席，要搞好民族团结，发展生产，保证边疆稳定"。当年10月，美帝国主义就发动了侵朝战争，把战火烧到了鸭绿江边。中国人民志愿军奉命于10月25日跨过鸭绿江，参加抗美援朝、保家卫国的战争。代表们表示：要搞好生产，多打粮食，支援抗美援朝，保家卫国。这样，就为建立“民族团结誓词碑”奠定了思想基础。

会议的后两天，主要是酝酿建立“民族团结誓词碑”的问题。地委书记张钧和专署领导在会上讲：要拥护共产党和毛主席，要讲民族大团结。特别是建立民族团结誓词碑的事，是要大家自愿的，不能强迫，谁愿意到时就在誓词下面签名，不愿意的就不签名。经过充分酝酿，大家就铁下心来，决定在民族团结誓词下面签名，跟共产党、毛主席走到底，哪怕上刀山、下火海也决不变心。

1951 年 1 月 1 日上午，天气格外晴朗，一轮火红的朝阳从东方喷薄而出，照亮了普洱的山川和田野。普洱红场内外，红旗飘扬，人头攒动，热闹非常。地委、专署在这里召开千人大会，并举行隆重的剽牛、饮鸡血酒签名仪式。

仪式开始，先由党、政、军领导讲话，念民族团结誓词。随即有人提起一只大公鸡，用快刀迅速地割断了它的血管，把鸡血滴进酒碗里，党、政、军领导和各族头人、代表轮流着每人喝了一口鸡血酒，表示要永远团结在一起，跟共产党、毛主席走。

接着，由西盟佤族头人拉勐剽牛。一头肥壮的水牛拴在红场的一棵木桩上。只见身强体壮、光着上身、皮肤黝黑的拉勐头人，口念咒语，又唱又跳，然后双手紧握镖子，猛地用力向水牛右肋巴剽去，牛身倒向左方，牛头朝南方预想的方位倒地，剽口朝上，这是吉利的标志。拉勐头人高兴得又唱又跳又笑，拍了一下手掌倒在地上打滚说：

“共产党、毛主席领导定了，团结会搞好！”他翻爬起来喊道：“毛主席万岁！共产党万岁！我们各民族齐心团结，世世代代跟着共产党！”

这时，会场上的召存信、刀承宗、都龙诰、刀卉芳（喃巴都玛）等傣族代表发出了“水！水！水！”的欢呼声，全场群情激昂，也跟着欢呼“水！水！水！”

欢呼声刚停下来，主席台上的代表就在原先摆好的红纸上，用各民族自己的文字签了名，不识字的人也请人代签了名。红纸的上半部写着誓词，下半部是主席台上代表们的签名，全文如下：

民族团结誓词

我们二十六种民族的代表，代表全普洱区各族同胞，慎重地于此举行了剽牛、喝咒水仪式。从此我们一心一意，团结到底，在中国共产党的领导下，誓为建设平等、自由、幸福的大家庭而奋斗！

此誓

面对民族团结誓词，各民族代表犹豫不决，签名还是不签？一旦签了，就有被盘踞在中缅边境缅甸一侧的国民党军残部派人来绑架、暗杀的危险，这是生与死的考验，光明与黑暗的抉择。大家面面相觑，最后都把目光投向了召存信，因为他受国民党反动派迫害最严重，他对国民党的仇恨最深，同时是刚受到毛主席的接见并与刀世勋一道把金伞献给毛主席的人，只要他敢签名，不怕敌人绑架、暗杀，他们就敢签名。这时，召存信抬头看了看主席台大幕上的毛主席、朱总司令的画像，就毫不犹豫地在民族团结誓词上签上了“召景哈”的名字，因为那时知道“召景哈”的人多，知道召存信的人少。代表们见召存信签了名，就一个个接着签了名，有的人用本民族的文字签，有的用汉文签，不识字的请人代签，26 个民族 48 名代表都一一签了名，表示要团结到底，永远跟着共产党走，为建设平等、自由、幸福的大家庭而奋斗。

各民族代表签名后，按照纸上的字样拓刻在石碑上，立于普洱红场。这是普洱区各族人民团结一致、共同建设社会主义新边疆的第一块里程碑，也是召存信背叛剥削阶级、从封建领主向人民公仆过渡的第一块纪念碑。

召存信、召龙诰哈迪雅翁等人 1 月 2 日骑马从普洱出发，7 日回到景洪，受到了余松、李群等党政领导、议事庭头人和各族群众代表的热烈欢迎。傣族老人、“四大卡贞”中的另外两人——刀学林、怀朗庄旺为他们举行了隆重的拴线仪式，为他们洗尘，让他们的灵魂不要离开自己的肉体。

佛寺里共饮鸡血酒

1950 年 10 月至 1951 年 1 月，西双版纳境内陆续发生了好几起重大案件：有的村寨被敌人放火烧了；有的耕牛被人盗走了；有的头人被敌人裹胁到缅甸了；有的地方发生了井水中毒的事件，全寨有半数以上的人中了毒；开始靠近共产党派来的武工队、民工团的群众，有的被毒死了猪鸡，有的被毒死了耕牛，有的人走夜路就惨遭蒙面人的毒打……这一切说明，阶级斗争是十分尖锐、复杂的。盘踞在境外的蒋军残部，不时派遣小股武装窜犯我边境，派遣特务深入境内进行造谣破坏，使老百姓不敢靠拢共产党，使大部分民族上层人士动摇不定，大家都在观望：到底共产党可靠不可靠？共产党说的话是不是算数？

召存信听到这些反映后，感到问题并不简单。头人、百姓中多数人对共产党的政策还不了解，因此，他们对共产党的领导能力、战斗力、政策持怀疑的态度。他想，傣族是全民信仰佛教的民族，大家都知道在佛祖的塑像面前发过誓而违背誓言的人死后是要下地狱，遭受油煎、火烧之苦的。为了解决这个问题，使大家信任共产党，团结在共产党的周围，努力生产，改善生活，建设自己美丽的家园，他向县委书记余松同志建议：可参照普洱区召开兄弟民族代表会议，举行剽牛、饮鸡血酒和咒水盟誓的办法，在景洪宣慰城的瓦庄栋佛寺举行一次共产党干部与民族上层、群众代表的交心会。如果开得成功，大家就在佛像面前赕佛、喝咒水和鸡血酒，表示永生永世不分离。余松同志很乐意地接受了他的意见。

经过几天的酝酿、动员和筹备以后，1 月 20 日，召龙诰哈迪雅翁、刀栋刚、刀学林、怀朗庄旺、刀光强、召仁等傣族上层人士和景洪地区各村寨的头人、群众代表约200人走进了瓦庄栋佛寺。

一会儿，余松、召存信以及车里县委、县政府的机关干部约10人，也从县城专程赶来了。他们来到佛殿门口，先脱鞋，后赤足进入佛殿。他们和大家一样，先拜佛，后在群众中盘腿而坐。

约摸10点钟，人就到齐了，首先是开大会。召存信第一个讲话，他介绍了自己去北京参加国庆观礼，到各大城市参观，看到了祖国的伟大，共产党、毛主席的伟大。普洱地委和专署邀请召龙诰哈迪雅翁等去普洱参加兄弟民族大会，大家在民族团结誓词碑上签了名。“党中央、毛主席还将为我们派来访问团，把温暖和问候送到我们的竹楼上。为了培养少数民族干部，共产党和人民政府还将动员我们的子女去昆明上学……总之，共产党为我们做了大量的好事，共产党是完全可以信赖的，我希望大家不要怀疑、观望，要坚决跟共产党走。”第二个讲话的是余松。他说：“我们共产党和人民政府是坚持民族平等、民族团结、民族进步，反对民族压迫、民族歧视的。我们要在西双版纳实行民族区域自治，让各民族真正地当家做主，管理本民族内部的事务。我们热忱地欢迎爱国的民族上层人士参加政府工作，和共产党一起管理、建设西双版纳。我们共产党人说话是算数的，为了表示我们的诚意，我们愿意在佛的面前和大家一起喝咒水、喝鸡血酒。如果我们违背诺言，说话不算数，就让雷打死我，让水淹死我，让我死去后灵魂下地狱，或是变成畜生……”

余松的一席话使到会的头人、群众代表深为感动。

召龙诰哈迪雅翁高兴地拍着大腿说：“我相信共产党，我让儿子刀忠强参加政府工作，并将把长女喃波迪送去昆明学习。我本人已老了，要是还能活下去的话，一定协助政府工作！”可惜他几个月后就病故了。其他中小头人、群众代表也发了言，表示要和共产党干部喝咒水、饮鸡血酒，团结一心。

一个年约八旬的长者在一口盛满清水的银杯里念咒语、吹气，一个青年人在寨子里杀了一只红公鸡，把鸡血滴在酒缸里，然后把酒缸抬进佛寺里。

高僧枯巴勐带着僧侣们念祝福经，祝愿各族人民团结起来，跟共产党走。

僧侣念经之后，人们依次走到装咒水的大银杯旁边，用竹勺舀了半勺咒水喝下去；又走到酒缸旁边，用竹杯舀了一口鸡血酒喝下去，表示要永远跟共产党走，永生永世不变心。余松、召存信以及从县里来的十几个干部都一一喝了咒水、鸡血酒，表示要永远为党服务，与各族人民心连心。

毛主席派来的使者

党中央和中央人民政府对边疆各族人民的疾苦是十分关心的。新中国成立不久，党中央和政务院就酝酿着组织一支庞大的中央民族访问团，深入到少数民族地区访贫问苦，并开展调查研究工作。1950 年 7 月，中央民族访问团受党中央、毛主席的委托，从北京出发，分赴边疆少数民族地区。

中央民族访问团分为 3 个分团。1951 年 4 月 5 日上午，在分团副团长王连芳的率领下，访问团第 2 分团来到西双版纳。召存信心想，中央民族访问团到西双版纳，是党中央、毛主席对西双版纳各族人民的最大关怀，是西双版纳各族人民的特大喜事，一定要做好欢迎和接待工作，还要保障访问团成员的安全。于是他亲自布置、动员各族群众，用最隆重的民族礼节来欢迎访问团，同时布置部队和原民族自卫大队人员做好安全保卫工作。

那时候，澜沧江上没有桥，也没有较大的渡船，只能靠用木板做的“一叶扁舟”摆渡。为了让访问团的亲人们能安全地摆渡到江西岸，召存信一一检查小木船是否漏水，并亲自乘小木船到江东岸迎接访问团。

召存信一见王连芳，就紧紧地握着他的手，说：“欢迎党中央、毛主席派来的亲人！”

访问团带有医疗队、记者等约 40 人，他们在召存信的陪同下，分乘 5 条木船划向江的西岸。船还没有靠岸，早就在岸边等候的各族群众就敲起了铓锣，打起了象脚鼓，披红挂绿的一头大象把它长长的鼻子举起来，向访问团表示热烈的欢迎。

访问团上岸后，召存信带领傣族头人、长者，为访问团的全体成员举行了隆重的拴线仪式，把一根根白棉线拴在王连芳等中央民族访问团每一个同志的手腕上。披着黄袈裟的僧侣们也为访问团的同志念了祝福经。

王连芳同志代表中央访问团向西双版纳各民族代表赠送了毛主席题词“中华人民共和国各民族团结起来！”的锦旗、毛主席纪念章和慰问品。慰问品中有盐巴、火柴、针线等。

访问团在车里、佛海、南峤、镇越县分别召开了慰问大会、各界人士座谈会，并深入各族村寨，问寒问暖，传达党中央和中央人民政府对边疆各族人民的亲切关怀，宣传党的民族政策和爱国主义思想。

中央民族访问团的到来，无论是对召存信本人，还是对西双版纳各族人民，都是一个极大的鼓舞。他们说：“过去洋人欺负我们，国民党压迫我们，我们连牛马都不如。今天党中央、毛主席派亲人来看望我们，是看得起我们，是重视我们少数民族。共产党、毛主席像明月一样，照亮了我们的心！”前来欢迎访问团的各族代表以激动的心情，把访问团送给他们的毛主席纪念章戴在毡帽上、胸口的衣襟上，把访问团送给他们的礼品带回村寨，分给全寨的群众。哪怕一家分到一颗针、一根线、一点盐巴，大家都感到很高兴、很满足。这不是一般的一针一线呀，它凝结着党中央、毛主席对边疆各族人民的深厚感情。

傣族上层人物中，有的有识之士甚至还把毛主席誉为“帕雅坦”。帕雅坦是傣族传说中救苦救难，拯救人民出苦海的神。“毛主席就像我们傣家传说中的帕雅坦一样！”

送上层子女进民院

毛泽东主席指出：“要彻底解决民族问题，完全孤立民族反动派，没有大批少数民族出身的共产主义干部是不可能的。”

为了培养少数民族干部和各种专业技术人才，国家在北京创办了中央民族学院，在武汉、兰州、成都分别创办了中南、西北、西南民族学院，云南省也在昆明创办了云南民族学院。1951年下半年，云南民族学院开始招生，并通知西双版纳给该校选送学员。

西双版纳各民族群众的子弟一般都不敢去昆明学习，因为解放前国民党93师留下来的那批“贺两广”把他们骗得够苦的了，他们害怕到了昆明以后，“中了汉人的圈套”，“去了就回不来”，“去了就会变成汉人”。蒋军残部也不断派遣特务进入西双版纳散布谣言，说什么“云南民族学院去不得”，“去云南民族学院就等于自投罗网”等。因此，无论怎样动员，家长也不同意让自己的子女到昆明学习，青年自己也不敢去。至于老百姓的子女，就更是不敢出门了。

于是，余松、召存信把目光投向了民族上层子女。民族上层人士毕竟见过一些世面，早在20世纪30年代末，召龙诰哈迪雅翁就把自己的亲侄儿、义子刀当强送到内地城市学习，召存信的父亲也把自己的长子召仁送去内地读书，刀当强、召仁都曾到昆明、南京同窗共读。1942 年末代宣慰使刀世勋在他小学毕业以后被送到重庆、南京读书。1944 年下半年，召龙诰哈迪雅翁把自己的小儿子刀忠强送去重庆、南京读书，另外，刀文学、刀光兴等上层人士的儿子也和刀忠强一起赴内地城市的学校就读。可以说，做上层人士子女的工作比较容易。

余松、召存信专程到宣慰城，先到原代理宣慰使刀栋刚家，动员他把二女儿刀桂芳（孟喃波凤）送去云南民族学院学习。开始时刀栋刚怎么也不同意让二女儿去昆明学习。他们就索性去找刀桂芳本人做工作。刀桂芳曾在国民党办的宣慰城上小学，在十二版纳中学初中一年级读过书，思想不保守，而且她也想到外面的世界去闯一闯。于是他们一做工作，她就同意了。这样，又通过刀桂芳做自己父亲的工作，终于把父亲说通了。

刀桂芳的工作做通之后，余松和召存信又通过她去做召龙诰哈迪雅翁长女刀芝秀（喃波迪）的工作。因为她俩不仅是同学，又是好朋友。刀芝秀也是受过教育的姑娘，她的堂兄刀当强、二哥刀忠强都曾经到昆明、重庆、南京求过学，他们不仅回得来，而且也没有变成汉人。因此经刀桂芳一说就把她说通了，刀芝秀又去做她父亲的工作。然后余松、召存信又去找召龙诰哈迪雅翁说这件事，好在召龙诰哈迪雅翁也去参加过普洱区首届兄弟民族代表会议，多少懂得一点共产党的民族政策。同时，他也懂得，他的亲侄儿、义子刀当强和二儿子刀忠强去内地汉族地方学习以后，开阔了眼界，增长了见识，比过去聪明多了。因此，经余松、召存信一做工作，他就同意了。

召存信还说服自己的长兄召仁把他的长女召珍（孟拴）送去昆明学习。

男青年中，余松、召存信首先做了傣族青年刀国栋的工作。又通过他去做他弟弟刀国雄和其他青年的工作。傣族女青年喃波（张秀芝）结婚刚 6 天，刀国栋就来做她的工作，动员她去云南民族学院学习。喃波舍不得离开刚刚与自己“拴线”成婚的丈夫，刀国栋就再三做她的工作，她的丈夫也支持她去内地学习，最后她也同意去了。

经过半个月的动员，已有一批青年同意去云南民族学院学习。不久，这些青年就打起背包，骑马从景洪出发，到昆明云南民族学院学习去了。

用自己的脚走路

在党的民族政策的指引下，通过疏通民族关系，消除历史上遗留下来的民族隔阂，西双版纳傣族自治区（州）成立，召存信当选为自治区主席（自治州州长），各族人民实现了当家做主、用自己的脚走路的目标。在异国他乡“避难”并担任国民党“反共救国军”民族支队副支队长的代理宣慰使刀栋庭，也终于在共产党民族统战政策的感召下弃暗投明，于1954年3月8日率领60多名头人及其家属回到祖国怀抱。此后，他先后担任州政府副州长、省民委副主任、省政协副主席、全国政协常委等职，于1985年去世。

心想到一起了

西双版纳要成立自治区，各民族要真正当家做主，“用自己的脚走路”，自己管理本民族内部事务了。经过各级干部、民族工作队和医疗队、防疫队的宣传，党的民族区域自治政策入脑入耳，几乎做到家喻户晓。

由于实行民族区域自治涉及到各民族的利益，大家在认识上存在着分歧，构成了成立自治区的障碍。召存信对此十分着急。

大家认识上的分歧，主要表现在以下四个方面：

一是对民族区域自治的认识。一部分傣族上层人士开始时以为，实行民族区域自治就像从元朝时候起历代封建王朝在这里设立“车里宣慰司”那样，在“召片领”的头衔上再加一个“宣慰使”的头衔，召片领就是宣慰使，宣慰使就是召片领，换汤不换药，只要你服从中央政府领导就行。召片领对哈尼族、布朗族、基诺族等山区少数民族也是这样，封当地头人为“金伞大帕雅”，颁发给他一把金伞、一条铁链，要他管理好本民族内部的事务，只要他听从召片领指挥就行。他们认为，这样做的结果是，封建领主制度就会原模原样，继续存在下去。如果要改变，充其量也只会像柯树勋于1913年左右实行的“改土归流”那样，西双版纳既接受国民党“汉官”的保护，又保留完整的封建领主制度。大不了就像1927年后民国政府在西双版纳实行县治那样，虽然设有县长、区长、乡长、保长等，召片领权力被削弱了，但召片领及各勐土司的世袭制度还存在，议事庭、勐议事庭、官员的设置、头人的俸禄未改变。因此，他们对自治区的名称、内部机构的设置和人事安排极为关心，想尽量保持原样。后来，他们感到这种想法不现实，又担心成立自治区政府后，会把土司制度和官租取消掉，故又对自治区的成立表示冷淡，顾虑重重。

哈尼族、布朗族、拉祜族、基诺族等民族，由于历史上受傣族封建领主统治，因而积极要求改变自己民族的地位，摆脱傣族封建领主的统治，争取自己民族的自治权。

召存信认为，如果以上认识得不到解决，就会成为实行民族区域自治的障碍。于是他积极地向唐登岷（自治区管委会主任、普洱地委书记、普洱专员公署专员）同志反映这些问题。唐登岷告诉他，要解决这些认识问题，就是要对各族人民进行民族团结、平等、互助友爱的教育，消除民族隔阂和民族歧视，加强民族团结；对干部进行民族政策的教育，提高干部的政策水平，让干部懂得共产党的领导与民族区域自治权力的正确关系；对民族上层进行社会主义、爱国主义教育，讲清共产党对民族上层实行长期团结的政策，说明民族内部的改革是民族发展、繁荣的需要，实行民族区域自治与元、明、清设立的“车里宣慰司”和柯树勋实行的“改土归流”政策，以及 1927 年民国实行的县治有着本质的区别，要教育民族上层丢掉保留封建领主制度的幻想。

通过地委、中心县委及各县县委、政府多方做工作、摆事实、讲道理，使以上的错误认识初步得到了纠正。

二是关于自治区内各民族关系的问题。

傣族的代表认为："西双版纳主要是傣族聚居区，傣族在这里定居的历史最长，人口也最多，多数地名都是傣族取的，因此建立自治区要以傣族为主。"

哈尼族的代表说："我们哈尼族人口仅次于傣族，我们这个民族在西双版纳定居的时间也不短了，应建立以傣族、哈尼族为基础的自治区。"

拉祜族、布朗族、基诺族、瑶族、佤族、回族等人口较少的民族代表也说："这里是多民族聚居的地区，单以傣族为主建立自治区不合理，要各民族联合自治才是真正的民族平等。"

这个问题十分复杂，争论也十分激烈。召存信听了这些意见，真不好表态，因为他自己是傣族上层领袖人物之一。如果他帮助傣族代表说话，其他民族的代表就会说他偏心，处处为本民族利益着想，这样在各民族中就会失去威信和信任；如果他向着哈尼族和其他民族，傣族代表就会指责他"不维护自己的民族"。他心想，建立以傣族为主体的自治区是对的，但他讲不出多少道理来。为此，他向地委、专署和中心县委的领导做了反映。

地委、专署和中心县委的领导经过反复分析、研究认为：按当时的统计，傣族人口占全区总人口的52%，哈尼族人口占全区总人口的18%，其他少数民族和汉族人口占全区总人口的30%；傣族的经济、文化比其他少数民族发达，它有责任帮助本地区各兄弟民族发展经济、文化，共同建设社会主义。因此，建立以傣族为主体的自治区，有利于各民族团结和共同发展，对国内外也将产生较大的影响。为此，自治区筹委会反复向各民族代表、各界人士宣传、解释党的民族区域自治政策，使各少数民族代表消除了顾虑。

通过说明政策，充分发扬民主，反复酝酿，各民族的代表统一了认识，一致同意建立“傣族自治区”。

三是关于自治区名称的问题。

在筹备成立傣族自治区的过程中，在讨论、酝酿自治区的名称该叫什么时，争论也十分激烈。

有的代表说：“西双版纳这个名称，400年以前就有，对东南亚和其他国家都有影响，因此，自治区的名称应为西双版纳傣族自治区。”

但有一部分干部、群众把地方名称与封建机构混为一谈，有的甚至认为地方名称就是统治机构，统治机构就是地方名称。他们向自治区筹委会反映说：“西双版纳是傣族宣慰统治这个地方的旧名称，是宣慰派劳役、派款的负担单位，有旧制度的气味。老宣慰虽然死了，沿用西双版纳这个名称，就等于挂着他的皮子，叫人害怕。”

大多数代表和群众都喜欢“西双版纳”这个名字，他们认为地名和统治机构之间不能划等号。经过筹委会再三解释，政权的性质与地方的名称是完全不同的，不能相提并论。这种误解终于消除了，便决定用“西双版纳傣族自治区”这个名称。

四是关于自治区首府设在何处的问题。

自治区首府设在哪里？是设在景洪，还是设在勐海？这个问题争论也很大。一部分民族上层人士认为：自治区政府设在哪里，哪里的头人就更大，地位就更高，而其他地方就成了隶属关系，那里的头人就成了下级头人。常言道：“外勐的土司不如首府的一个滑稽鬼。”因此，勐海、勐遮一带的民族上层人士坚持要把自治区首府设在勐海，而勐腊、勐捧、勐润、勐满、勐仑的民族上层人士则要求把自治区首府设在勐腊。

召存信等人认为，自治区首府应设在景洪，因为景洪自古以来就是西双版纳的首府。公元1160年傣族首领帕雅真建立勐泐国时，首都就设在景洪。景洪是西双版纳的中心，坝子宽广、土地肥沃、物产丰富，与勐海、勐腊联系方便，又有澜沧江和流沙河可以利用，有发展前途。

经过反复酝酿、比较，最后决定选择景洪为西双版纳傣族自治区的首府，并在“景洪”前加了个“允”字，即允景洪。景洪是个傣语地名，即黎明之城，“允景洪”即黎明的首府。

另外关于政府委员和代表名额分配的问题，也有许多困难。为了团结一切可以团结的人，结成最广泛的爱国统一战线，自治区筹委会在安排政府委员和代表名额时，就照顾到各族、各界、各阶层。对人民群众，基本上是按民族人口的比例选举代表和委员；对民族上层，根据党长期团结、教育、改造的政策，在政治上给予充分的照顾，使他们有事可做，在经济上，参加工作的发给工资，因年纪太大不能参加工作或生活困难的，给予生活补贴。

筹委会还派专人到昆明，征求在云南大学社会系读书的末代宣慰使刀世勋的意见，请他回来担任自治区政府副主席。刀世勋婉言谢绝说："我正在读书，学业还没有结束，我不愿荒废自己的学业，谢谢党组织对我的关怀和照顾了！"

无论是分配代表名额，还是选举政府委员，筹委会都力求做到"各族自愿，上层满意，群众欢迎"。

在筹备过程中，盘踞在境外的蒋军残部活动猖獗，他们多方面地进行造谣和破坏活动，威胁各民族代表和民族上层人士，扬言"谁去参加自治区的成立大会就杀谁！"妄图阻止、破坏自治区的成立。

解放前夕逃到国外的一部分民族上层，也写信到境内，煽动民族上层逃亡。他们在信上说道："自治区成立以后，共产党就要开始整人了。""成立自治区是个骗局，自治区成立之后，共产党就要开始没收头人的财产，斗争头人了，赶快出来吧，缅甸这边很安全！要是你们不赶快走就来不及了！"

在这段时间里，召存信夫妇收到了好几封恐吓信，有的信封里没有信，却装着一粒子弹，意思是说，叫他不要跟共产党跟得太紧了，不然小命难保！有的信骂他是"傣族的叛徒”“西双版纳的叛徒”。有的信警告他“你要悬崖勒马，不然就叫你断子绝孙！”对于这些恐吓信，召存信嗤之以鼻：“我的生命和自己的一切都已交给共产党，我还怕你们恐吓吗？”

由于敌人的煽动，景洪、勐龙的一部分头人在自治区成立前夕逃到了缅甸；勐海的一个有影响的头人拒绝出席西双版纳第一届各族各界代表大会；各地选出的代表也被敌人打死、打伤了好几个。

但是，敌人的造谣、破坏吓不倒西双版纳各族人民，也吓不倒召存信，他是铁着心跟共产党走的。他和全区各族人民一道，拥护党的民族区域自治政策，有强烈的当家做主的愿望。他说：“我们一定要把各族各界人民代表大会开好，把自治区成立起来，让敌人的阴谋一个个破产！”

吉祥的日子

1953 年 1 月 7 日，西双版纳第一届各族各界人民代表大会第一次会议在允景洪正式开幕。出席这次代表大会的有正式代表 416 人，列席代表 51 人，来宾 108 人。代表中有傣族、哈尼族、布朗族、拉祜族、基诺族、瑶族、回族、佤族、汉族等 12 个民族。云南省人民政府的代表、省民族事务委员会副主任王连芳，中共西双版纳边疆工作委员会书记、自治区筹备委员会主任委员唐登岷出席了会议。

在会上，王连芳、唐登岷、召存信、刀有良都分别作了报告，大会是在临时盖起可容纳600多人的一幢大草房里召开的。大会还有一个重要内容：召存信同志把原来民族自卫队和自己购买的300多支枪（包括侯德才政委赠送给他的那支手枪）和全部弹药，交给了即将成立的自治区人民政府。唐登岷、刀有良同志代表自治区筹委会接受了召存信同志的这批枪支弹药。

代表们分组认真讨论了王连芳、唐登岷、召存信和刀有良的报告，并通过了相应的协议，如《关于建立西双版纳傣族自治区机关各项问题的协议》《关于取消一切带歧视和侮辱少数民族称谓的协议》。各族群众高兴地说："这才是真正的民族平等、民族团结，各民族不分你我，汉族看得起我们了！"

代表大会经过充分协商、讨论，在团结友爱的气氛中，选举召存信（傣族）为西双版纳傣族自治区政府主席，选举刀承宗（傣族）、刀学林（傣族）、车罗（哈尼族）、刘岩（汉族）、刀有良（傣族）为副主席。同时协商、选举产生了自治区协商委员会（即州政协的前身）的领导班子：召存信为主席，余松（汉族）、枯巴勐（傣族高僧）、白腊兹（基诺族头人）、刀桂庭（布朗族头人）、黄三老二（瑶族头人）为副主席。

大会还讨论通过了《自治区人民政府今后两年工作纲要》和《各族人民团结爱国公约》。

1月23日早晨，当茫茫的大雾还笼罩着允景洪的竹楼和田野的时候，傣族、哈尼族、拉祜族、布朗族、基诺族和其他民族1万多人从四面八方汇聚到允景洪中心的广场上，与出席西双版纳第一届各族各界代表大会第一次会议的代表一起，共庆自治区人民政府的成立。

广场的西面搭起一个可容纳50多人入座的主席台，台上张灯结彩，横布标上贴着用傣、汉两种文字写的“庆祝西双版纳傣族自治区成立大会”15个大字。自治区主席、副主席、政府委员，政治协商委员会主席、副主席，省委、省政府的代表和一部分来宾在主席台上就坐。

上午9点钟，庆祝大会在庄严的国歌声中正式开始，穿着傣装的召存信庄严宣布：“云南省西双版纳傣族自治区在党中央、毛主席的领导下，在中共云南省委、省人民政府的直接领导下，今天正式成立了！”顿时，铓锣、象脚鼓声伴随着此起彼伏的“水——水——水”的欢呼声，响彻允景洪的上空。大会通过了西双版纳23万各族人民给党中央、毛主席的致敬电。

当大会主持人宣布自治区主席、副主席和政府委员们宣誓就职时，遵照傣族的传统习惯，举行了隆重的拴线仪式。到会的人们将无数条洁白的棉线拴在自治区领导的手腕上，挂在肩头上，祝愿他们就职以后，把自己的灵魂和心拴在建设西双版纳的事业上。佛教界的僧侣们为新当选的自治区领导和政府委员们举行了念诵祝福经和“滴水”的仪式，祝愿他们在共产党、毛主席的领导下，带领全区各族人民创造美好的未来。

这一天，允景洪全城沸腾，红旗招展，鲜花飞舞，歌声和“水——水——水”的欢呼声此起彼伏。每个人都从内心里表达自己对党的民族区域自治政策的热爱和拥护，表达对中国共产党的感激之情。

西双纳傣族自治区成立后，自治区边工委和政府采纳了召存信同志的意见并报请云南省政府和国务院批准，将西双版纳辖区重新划分12个版纳，并划定了辖区范围，分别建立了版纳人民政府。

为了照顾自治区内傣族以外的其他少数民族，做到各民族真正平等，各民族都有当家做主的权利，还建立了区一级的格朗和哈尼族自治区、布朗山布朗族自治区、易武瑶族自治区和基诺洛克生产文化站，直属自治区政府领导。

1955年6月1日至8日，西双版纳傣族自治区各族各界人民代表大会第二届第一次会议在允景洪召开。大会根据《中华人民共和国宪法》，把自治区改为自治州，通过了《关于在傣族中禁止迫害“琵琶鬼”和在哈尼族中禁止杀害双胞胎》等条例。大会选举召存信为州长，刀承宗、车罗、刘岩、刀有良、刀栋庭、刀治国为副州长。

党的民族区域自治政策的实施，使西双版纳出现了民族平等、团结、友爱、共谋发展的新的民族关系。美丽富饶的西双版纳，成为各族人民团结友爱的大家庭。

刀栋庭弃暗投明

代理宣慰使刀栋庭，1949年10月底因对共产党的误解，被国民党军残部裹胁到缅甸“避难”。1950年1月下旬，原国民党93师的“在乡军人”又从缅甸打进来，与黄国祯、兰家成等叛匪里应外合，迅速强占南峤，然后占领佛海和车里县城。刀栋庭和刀福汉与那些“在乡军人”，原参谋团的副官、他的侄女婿蔡真藩一起，从勐龙入境，回到景洪宣慰城。

刀栋庭坐上了原来的代理宣慰使的宝座，心想等形势稳定之后，就派人去把家属和其他头人接回来。2月14日解放军渡过澜沧江追歼蒋军残部到景洪时，刀栋庭、刀福汉还在睡觉。听说“共军的大部队来了”，他们顾不得洗漱就背起手枪，下楼后就跨上马背，在警卫人员的保护下，向勐龙边境逃去。他俩快逃到中缅边境时，一颗炮弹在他们左边约30米的地方炸响。他俩的马一惊，霎时蹦了起来，把他俩重重地摔在地上。这一下，把身体瘦弱的刀栋庭吓得屁滚尿流，生怕“共军”把他抓住。

等他从地上爬起来一看，马已经不见了，刀福汉连人带马也不见了，于是他颤抖着躲在路边的树丛里。他看见有两个“共军”就在离他只有30多米的山坡上，他们已经发现了他，其中有一个人好像在向他招手。如果他们想抓他，三步两步就可以从山坡上冲下来，可是他们并没有那样做。一会儿，刀福汉回来了，而且找回了那两匹受惊的马，他在东张西望地寻找刀栋庭。刀栋庭从树丛里走出来，和刀福汉一起跨上马背，向境外逃去。他们的警卫人员早已不见踪影。几天后，西双版纳全境就解放了。

刀栋庭到境外以后，被盘踞在境外的国民党残部任命为“反共救国军”民族支队副支队长。可是他手下只有七八十名士兵，其余的就是从西双版纳逃出来的头人和家属。

刀栋庭的这个支队和家属，被安排在距中缅边境不远的缅甸勐如的一片森林里安营扎寨。他们砍下竹子、树木，盖起茅草房。为了防止缅军偷袭，他们把草房盖在隐蔽的地方。除了刀栋庭、召龙纳章、刀福汉、召龙纳玛等几个大头人每家有一幢房子、一名警卫以外，其他的中、小头人和士兵，按三五人不等，分散居住在刀栋庭房子周围的几幢竹楼里。

“反共救国军”的给养，最初是靠从台湾飞来的飞机空投物资。后来，飞机飞来得越来越少，大家吃不饱、穿不暖，就开始偷、抢缅甸老百姓的粮食、蔬菜、肉食和衣服，于是遭到了缅甸老百姓及政府的强烈反对。台湾国民党当局就向缅甸政府交涉，请他们暂借一部分粮食、衣物给“反共救国军”，以后由台湾当局偿还。开始时，缅甸政府也借了一些粮食和衣物给他们,但担心台湾方面要赖，不敢多借。因此，“反共救国军”士兵中，多数人处于半饥半饱的状况，他们仍然悄悄地出去偷、去抢。

刀栋庭刚到国外的时候，由于对共产党不了解，加之境外敌人的煽动，十分痛恨共产党，误认为是共产党使他背井离乡,来到缅甸边境这个鬼地方过寄人篱下的生活。他曾叫手下人写信到西双版纳，策动头人从国内逃出来。为了获取西双版纳方面的情报，他派遣心腹刀福汉在靠近中缅边境的地方开杂货店，通过出入境的边民了解西双版纳方面的情况，并派人深入到勐龙一带刺探共产党方面的军政情报。但他得到的情况是：共产党进入西双版纳以后，不但没有“共产共妻”、杀害少数民族领袖人物，而且欢迎少数民族领袖人物到政府任职，召存信和刀世勋等 7 人被请到北京参加国庆观礼，见到了共产党的领袖毛泽东。

共产党从北京派来了访问团，他们走村串寨、登竹楼、蹲火塘，向各族群众访贫问苦，向各族老百姓赠送盐巴、布匹、火柴、纪念章、针线等礼物，并在勐海召开各族代表会议，宣传共产党的民族政策，准备实行民族区域自治。共产党正在从昆明向西双版纳修公路，据说准备修到打洛，叫昆洛公路。

西双版纳傣族自治区可能在 1953 年初成立，召存信可能当自治区主席，据说准备请刀栋庭的长子刀世勋回来当副主席。

还有，刀栋庭听到了一件令他十分感动的事：1950 年 6 月下旬，车里县首届各族各界代表大会开幕时，解放军 39 师政委侯德才在主席台上专门留下一个座位，欢迎他回西双版纳，并在政府里任职。

听到这一些，刀栋庭对共产党的切齿痛恨逐渐化解了，心想，共产党并不坏呀，说什么“共产共妻”“共产党要杀害少数民族头人”完全是国民党的欺骗宣传。他回想 1950 年 2 月 15 日从勐龙逃出来的时候，因为马受惊，他和刀福汉都被摔下了马，解放军完全可以抓住他们，可是解放军并没有这样做，也许是故意把他们放走的。到境外以后，他虽然名为某部的副支队长，但国民党军残部对他并不放心，处处派人监视他，使他的日子很不好过。由于寄人篱下、生活艰苦、思念家乡，又受人监视，使他脾气一天比一天暴躁，疑心越来越重。他疑心自己的爱妻悄悄地与别人幽会，动不动就打就骂，他爱妻喃蝶受不了，就与泰国一个商人远走高飞了，结果他后悔莫及。

爱妻走了以后，他更加思念西双版纳，思念远在昆明读书的长子刀世勋，思念由于受不了他的折磨而离家出走的爱妻喃蝶。他常常为家乡祈祷，希望佛祖保佑自己的家乡五谷丰登，幸福的喜悦挂在乡亲们的脸上；希望佛祖保佑自己的长子召罕孟勒幸福平安；也希望佛祖保佑喃蝶幸福，希望她能回心转意，回到他的身边……

他反反复复地想，如果长期留在国外，寄人篱下不说，还要受那帮国民党军残部的歧视和监督，这使他度日如年；摆脱国民党军残部的控制回国，又怕共产党不欢迎。如果他回国以后，连个自治区的副主席都当不上，他就无脸见人了。他准备叫刀福汉通过边境上的杂货店打听，共产党是不是真心欢迎他回去。

刀栋庭想弃暗投明、回归祖国的想法，通过刀福汉在边境办的杂货店传了进来。因为缅甸边民要买中国的盐巴、布匹、电筒、电池、针线，中国边民要买英国、法国、泰国等国通过缅甸边境销售的“山羊牌”板锄、提花包头巾、花布等，人来人往，小杂货店就成了各种信息传播的中心。

消息传到允景洪，引起了州工委书记唐登岷、副书记刘岩、州长召存信的注意。

唐登岷、刘岩认为，刀栋庭想弃暗投明、回归祖国怀抱是一件大好事，如果他真能回归祖国，将带动一大批因不明共产党政策而离乡背井到异国“避难”的人们，这就更加显示了共产党统一战线政策、民族政策的伟大胜利。刀栋庭尽管很想回来，但他顾虑重重，怕共产党报复他，怕在自治区政府里没有自己的席位，同时也担心召存信报复，不同意他回来。

刀光强、刀学兴、刀建德等原议事庭的官员也欢迎刀栋庭弃暗投明，回归祖国。他们认为鸟飞得再高，也要落巢栖息，游子走得再远，也应回到自己的故里。刀栋庭回归是“叶落归根”，况且共产党是欢迎他回来，并欢迎他参加政府工作的。

召存信在这个问题上考虑很多，他一方面欢迎刀栋庭回归，因为刀栋庭是他爱妻的亲舅舅。另一方面，又怕刀栋庭回来后伺机报复他。因为刀栋庭以为刘世雄手下那些人去向他逼钱、逼枪是召存信干的，是召存信“吃里扒外”，甚至说他有“野心”，“想当代理召片领”等。再说刀栋庭是代理宣慰使，是第 39 世宣慰使刀承恩的第 6 个儿子，是第 40 世召片领刀栋梁的同胞兄弟，是第 41 世召片领刀世勋的父亲。论资历，刀栋庭比他深；论地位，刀栋庭比他高；论影响，刀栋庭也比他大；论关系，刀栋庭和他是君臣之间、舅父与侄婿的关系。因此，他担心刀栋庭回归以后，他的政治地位会有变化。更令他担心的是，1953 年 2 月，他主持议事庭会议，新任命了一批头人，以填补跟随刀栋庭出国“避难”的头人的空缺。他任命召仁为召龙纳诰，以补上召龙诰哈迪雅翁的职位；任命原召龙纳阁（刀光强）为召龙纳章，刀光强原来职位又提拔另外的头人担任；任命召玛哈（刀金祥）担任召龙帕萨等。对其他头人也进行了调整，一一颁发了任命书。由于召片领司署议事庭新任命了一批头人，各勐议事庭也相继任命了一批中、小头人。

唐登岷、刘岩等发现召存信重新任命头人之后，及时对他进行了批评。他们认为解放了，人民当家做主了，重新任命头人是不对的。即使因工作确实需要，必须重新任命头人，也需要经过中共西双版纳州边疆工作委员会研究。召存信首先诚心诚意地接受党组织的批评，认识到自己重新任命头人是不对的，但他的意图是想把头人配齐，好协助党和政府工作。

唐登岷同志对他说：“召存信同志呀，你的想法是对的，但您想过没有？您重新任命头人，补上召龙纳章、召龙帕萨、召龙纳玛的空缺之后，对争取刀栋庭回归是不利的，因为他心腹头人的职位已被人补上了，他们就不敢回来了。”

“唐书记，当时我没有考虑这么多，我只想到尽快把头人配齐，以便更好地协助党和政府工作。”召存信心情沉重地说。

重新任命头人的事像一块大石头压着召存信的心，一是因为他未经党组织同意，为自己擅自决定重新任命头人而感到羞愧，怕别人说他培植自己的亲信，提拔自己的人；二是担心刀栋庭一旦回归祖国，就会责备他为什么擅自任命头人，堵住他们回国的路子。况且他任命的召龙纳诰就是自己的长兄召仁呀！

他想来想去，真的有点怕刀栋庭回来。当刀光强代议事庭起草欢迎刀栋庭回归的信并请他签名时，他就不敢签了。

唐登岷、刘岩同志知道这个情况后，就亲自到召存信家里，和他促膝谈心。

“召存信同志，我们是老朋友、老同志了，您背叛剥削阶级走上革命道路，协助解放军顺利地解放西双版纳，功不可没，党和政府不会忘记，您担任自治区主席的地位当然是不会改变的。我们争取刀栋庭回归，是为了进一步瓦解蒋军残部，争取更多因不明共产党政策而逃到国外的民族上层人士弃暗投明，回归祖国，同时也要争取国民党第8军、第26军93师残部弃暗投明。当然，爱国不分先后，革命也不分先后，刀栋庭先生一旦回归祖国，党和政府是会给他安排适当的职务的，准备安排他为自治区副主席。”

刘岩也表达了同样的意思。

召存信听了唐登岷、刘岩的话，他心上的一块大石头终于落了地。经过多方努力，刀栋庭终于于1954年3月8日弃暗投明，带领刀福汉、召龙纳玛等60多名头人和家属回归祖国。

开始揭起神秘的面纱

新中国建立后，在党和国家的关怀下，通过实行民族区域自治，通过恢复和发展生产，西双版纳的面貌日新月异，其神秘的面纱渐渐被揭开。1953年12月16日，昆洛公路通车到景洪，改变了昔日西双版纳“人不过江，马不钉掌”的交通十分闭塞的状况。1956年，西双版纳实行了有别于内地土改的“和平协商土地改革”。在头人们不敢如实申报剥削量、不敢自报阶级，土改难以进行的情况下，召存信挺身而出，现身说法，自报剥削量，并自报为领主成分，于是头人们纷纷效仿，使“和改”工作得以顺利进行。

“铁马”来到了允景洪

1953年12月16日，是个令人难忘的日子。这一天，天空格外湛蓝，江水格外清澈，各族人民格外高兴，因为昆洛[⑥]公路修到了允景洪，“铁马”来到了人们的面前。从此结束了西双版纳自古以来没有一条公路、看不到一辆汽车的历史，开创了西双版纳交通史上的新纪元。

当公路修到允景洪的澜沧江边时，各族群众从四面八方给筑路工人送来新鲜的蔬菜、瓜果；当公路已修好，汽车开到澜沧江东岸时，许多人迫不及待地划着小木船、竹筏到江东岸看汽车，有的还抱着一捆稻草去喂它，打水去给它喝，以为汽车也像牛像马一样，要吃草、要喝水。有的人用手轻轻地摩挲着车头、车灯，就像抚摸自己孩子的头和脸一样，感到十分新鲜，又十分激动。许多人还流下了眼泪，说：“过去我们祖祖辈辈都没见过铁马，今天我们终于见到了！”

这一天，允景洪举行了隆重的通车典礼。上午10点左右，召存信穿着一身傣装，率领着自治区政府的各位副主席、政府委员，到码头迎接汽车。他虽然去过北京等大城市，汽车、火车、飞机、轮船他样样都坐过，但他今天心情仍然十分激动，因为过去西双版纳的交通太闭塞了，没有一条公路，没有一辆汽车，出门全靠步行、骑马，从景洪去一趟普洱，单程走8天，往返需花16天时间。从景洪去一趟昆明，仅单程就要走二三十天，一般老百姓是出不了远门的。民谚所说的“人不过江，马不钉掌”就是这里交通闭塞状况的真实写照。“人不过江”是因为澜沧江上没有桥和可以抵御风浪的船只，许多人因用小木船过江而葬身鱼腹。“马不钉掌”用以比喻西双版纳的人们都像没有钉掌的马一样走不远的。现在好了，公路修到了允景洪，“人不过江，马不钉掌”的历史一去不复返了。现在乘车去昆明，两三天就可以到达，景洪与昆明的距离大大缩短了。从现在起，内地生产的工业日用品，可以源源不断地运到西双版纳，供应给边疆的各族群众；西双版纳出产的土特产品，可以源源不断地运到内地，支援内地的社会主义建设。同时，西双版纳可以通过这条公路，从祖国内地引进技术和人才，也可以把本地有培养前途的人才送到祖国各地去深造。他深知，交通闭塞，与内地无法交流是西双版纳过去贫困落后的原因之一。现在公路修通了，有了不吃草的“铁马”，将来还要修大桥，疏通澜沧江的航道，要修通从允景洪到各版纳的公路，他的家乡西双版纳，就要进入新的发展时期了，这怎能不叫他激动呢？

一艘特制的用来摆渡汽车的大木船，把江东岸的汽车摆渡了过来，1 辆、2 辆……一共 38 辆。召存信和自治区的其他领导登上了第 1 辆大卡车，车头上挂着一条红布标，红布标上写着“热烈庆祝昆洛公路通车到允景洪”。筑路工人们戴着大红花，分乘第 2 至第 20 辆汽车，其他大卡车则装载着货物。38 辆车在一阵阵铓锣声、象脚鼓声中，缓缓地从渡口驶向允景洪，车队通过了一道道用竹子和树叶搭成的彩门，驶向城中心的广场。彩门及街道周围都悬挂着“热烈庆祝昆洛公路通车到允景洪”的大横标。夹道欢迎的各族群众用热烈的掌声、欢呼声和响亮的铓锣声、象脚鼓声，欢迎车队进入允景洪。

这里完全可以种橡胶

1953 年 2 月，召存信接待了一批中苏联合调查组的专家。这些专家是受国务院的委托，前来西双版纳考察的。其中有三个中国专家，他们是中国著名的植物学家蔡希陶，橡胶专家何全海、方中达。苏联专家有尼卓维也夫、基里连科两人。

中苏专家们观察了西双版纳的气候、土壤和暹华胶园存活的胶苗以后，认为西双版纳完全可以发展天然橡胶，可以冲破“植胶禁区”。

天然橡胶树原产于南美洲的巴西，是亚马孙河流域热带雨林里的一种乔木树种。自从橡胶树被人们发现以来，世界各国只是在赤道附近的低海拔、低纬度地区种植橡胶，许多国家的橡胶专家把北纬 17° 以北的地区视为“植胶禁区”。专家们认为，西双版纳虽然地处热带北缘，在北纬 21° 10′ 至 22° 40′ 之间，大大超过了“植胶禁区”，但它临近印度洋和孟加拉湾，处于东亚季风区，地势荫凹，南面开阔，河谷与山峦相互交错，北有哀牢山、无量山为屏障，为它阻挡了南下的寒流，南面承受印度洋的西南季风和太平洋东南季风的影响，造成了高温多雨的气候特点，低海拔地区年平均温度在21℃以上，最低温度一般都不下5℃，年平均降雨量一般都在1500毫米左右，完全具备了植胶条件。专家同时也指出，由于西双版纳地区海拔高、地形复杂、温度偏低、干湿季分明、干季较长，鼠害、局部性风灾和病虫害时有发生，这会给植胶工作带来一定的困难。因此，要在西双版纳大面积种植橡胶，首先必须进行试验，然后总结经验，再进行推广。

在这5名专家中，蔡希陶教授对召存信的生平较了解，对西双版纳这块土地情有独钟。他对召存信说：西双版纳是祖国的一块宝地，植物、动物种类现在还说不清楚，以后国家要派专家来考察。“召主席呀，我很喜欢你们这个地方。将来我要建议国家在这里创办一个一流的植物园，若上级同意，我亲自来抓这项工作。”

“要在我们这里创办植物园？那太好了！我会全力支持的。”召存信高兴地说。尽管他当时还不知道什么叫植物园、植物园的规模有多大，只想到要把各种植物、花草种在一个园子里，供人们观赏和进行研究，大概需要几百亩土地吧。

召存信的表态，使蔡希陶想在西双版纳创建热带植物园的想法，由一般的随便说说变成了坚定的信心。

“召主席，您的表态，使我坚定了信心，我回北京以后，一定向中国科学院建议，一定要促成这件事！”

“那太好了！蔡教授，我有个问题想请教您。”召存信说。

“召主席，请讲！”蔡希陶说，用手扶了一下眼镜。

“有关橡胶的问题。1948 年泰国华侨专门来我们这里种橡胶，今天国家又专门派出中苏专家调查组，来到我们西双版纳考察橡胶资源，准备在这里种橡胶，到底橡胶有多大用途呀？”召存信问。

“橡胶的用途可多了，可以做汽车、拖拉机的轮胎、机器的传送带，飞机、人造卫星、轮船、舰艇等都离不开用橡胶制成的配件；打仗离不开橡胶，国计民生也离不开橡胶，我们国家已经把橡胶当作一种战略物资。新中国建立以前，我国橡胶主要是从泰国、马来西亚、印度尼西亚等国进口的。新中国建立以后，帝国主义对我国实行封锁、禁运，国外的橡胶就运不进来了。因此，我们不能等死，必须发展本国的天然橡胶，国家已决定在广东省的海南岛、福建南部、广西南部和云南南部发展天然橡胶生产。国家下了很大的决心，派我们来考察橡胶资源，看看西双版纳这个地方能不能种橡胶，就是想打破帝国主义在这方面对我国的封锁禁运。”蔡希陶说得很认真，也很激动。

“蔡教授，您这么一讲，我就明白了，种橡胶意义这样重大。如果国家要在这里开办橡胶农场，我一定鼎力支持，要土地给土地，要人给人！”召存信坚定地说。

“凡事都得先试验。看来我们先搞个天然橡胶种植试验场，先小面积进行试种，如果试种成功了，再大面积推广。”蔡希陶教授说。

“如果搞试验场，我就兼任这个试验场的第一任场长！”召存信高兴地说。

“那太好了！我们心想到一处了。”蔡希陶紧紧握住召存信的手说，“召主席，我代表还没有建立的试验场的全体职工，首先向你表示衷心的感谢！”

召存信和蔡希陶就这样交上了朋友。

根据专家们的建议，1953年9月，国家在允景洪近郊建立了天然橡胶种植试验场。为了保密，不直接用“橡胶”一名，而用“特林”一名，叫“西双版纳特林试验场”，并在橄榄坝建立了分场，开始有计划地试种橡胶。召存信果真兼任试验场的第一任场长。他动员当地傣族群众砍木料、竹子，给试验场的职工盖宿舍、食堂，并帮助试验场砍坝、挖穴、种橡胶。当时试验场的职工，有的是从华南农学院来的，有的是从海南岛来的，有的则是来自马来西亚、印度尼西亚的归国华侨。

经过试种，橡胶树生长良好。于是从1956年起，西双版纳开始大面积推广天然橡胶种植，在景洪、勐龙、橄榄坝、勐养、勐腊、勐醒、勐捧、勐满等地先后办起了橡胶农场。后来，经过科研人员反复试验，针对不同的海拔高度和坡向地形，种植不同品种的橡胶树，从引进种子、技术到对自己试验、改革、栽培的橡胶树进行研究，形成了生产能力，并成功地创造出具有我国特色的橡胶科学体系，总结出一套适应西双版纳土壤和气候条件的橡胶管理科学方法，从而冲破了世界各国专家认定的“植胶禁区”。到 1999 年，西双版纳已成为中国第二个拥有 200 多万亩橡胶，年产干胶超过 13 万吨的橡胶基地，这是个多么了不起的变化呀！

“和改”势在必行

作为一州之长的召存信，他深深地懂得西双版纳解放虽然只有五六年的时间，但在党的民族政策的指引下，在内地汉族及其他民族的支持、帮助下，已发生历史性的变化。他懂得，新中国建立以前，西双版纳的傣族社会保持着比较完整的封建领主制度，这里的一切土地、山林、河流均属于召片领所有，也就是说，老百姓头上顶的天、脚下踩的地、饮用的水、呼吸的空气都是召片领的，百姓头脚落地就是召片领的奴隶。耕种土地的农民，必须缴纳实物地租或劳役地租，不耕种土地的成年人，也要“买水吃，买路走，买地住家”，甚至死后还要“买土盖脸”。

就土地占有形态来说，西双版纳的土地划分为两部分：一部分是各领主直接占有，征调农民耕种的土地，这部分土地约占总耕地面积的 14%。这部分土地又分为两种，第一种是领主的私庄田，由领主直接征调农民耕种，收获全归领主。第二种叫“薪俸田”，是召片领及各勐土司封赐给各家臣的田，由农民耕种，把收获的粮食交给这个头人。另一部分是领主通过村寨头人分配给农民种植的“份地”，农民给领主提供劳役地租或实物地租，这类土地约占总耕地面积的86%。这部分土地又分为村寨集体占有、家族占有和个体农户占有三种形式。分配“份地”也是有条件的，家里有劳动力，能够“出负担”的人家才能分到。所谓“出负担”，一是能缴租缴税，二是能承担公益性的劳动，三是能够出工差。没有“出负担”能力的人家是分不到“份地”的。“份地”每年或每三年打乱重分一次。

西双版纳在土改之前，无论是农民，还是领主，都有严格的等级划分。农民内部分为“傣勐”“滚很召”和“召庄”三个等级。其中，“傣勐”意为建寨最早的傣家人，即本地人，这部分人占农户总数的55% 。“滚很召”意为“主子家的人”“官家的人”“官家的仆人”，他们原是领主家的奴隶，由于这样的人多了，领主叫他们出来安家立户，建立寨子，这部分人占农户总数的39%。“召庄”属官家的亲属，他们耕种自己的“私田”，免除一般的封建负担，其土地可以世袭，这部分人占总农户的5.7%。

领主集团中分为“孟”“翁”两个等级。“孟”意为人的头盖骨，属最高等级，只限于召片领的直系亲属，范围很小；“翁”意为亲属，即召片领的亲属。

召存信懂得，西双版纳虽然解放了，实行了民族区域自治，但是，封建领主制度依然存在，虽然包括他自己在内的上层头人参加了政府工作，但下层的头人尤其是村寨的头人依然继续欺压百姓：每户农民向他们缴纳的官租，占总收入的30%；缺乏耕牛的农民依然不得不向本寨的头人和富农租牛耕地，所受的剥削占租牛户总收入的20%；由于“份地”制度没有废除，村寨头人为了向农民征收官租和门户税，仍然沿用过去每年或每隔三年都把土地收回来后打乱重分的方法，使农村生产不稳定，农民的生产积极性受到了压抑，难以向前发展。封建领主制度的存在，是西双版纳各族人民走向繁荣，发展、建设社会主义新生活的绊脚石，不搬掉这块绊脚石，西双版纳就不能发展。因此，民主改革势在必行。

中共西双版纳州工委和州人民政府，认真地分析了州内各民族社会经济的发展状况，认为西双版纳的情况与内地不同，不能用一种模式来搞土改，而必须用和平协商的方式进行。

现身说法自报阶级

1956 年 1 月，州工委和州政府组织了以少数民族干部为主的一支 100 多人的土改工作队，浩浩荡荡地开进傣族农村、格朗和哈尼山区，拉开了西双版纳和平协商土地改革的序幕。

1955 年 11 月，土改工作队先在版纳景洪坝区一个约有 15000 人的地区搞试点，取得经验后即在全州傣族和部分哈尼族地区全面铺开。工作队进村后，分别召开农民代表会、群众大会、协商会、头人会，宣传土改政策，做好稳定人心、稳定民族上层的工作。接着，在苦大仇深的贫雇农中开展“扎根串连”活动，再通过“根子”去串连其他人，通过回忆新中国建立前的苦难生活，对比今天的翻身解放，把可靠的“根子”、积极分子组成第一批农民小组。在此基础上，又组织第二批、第三批农民小组。

许多农民通过回忆对比，控诉封建领主制度的罪恶，认清他们过去种的“份地”并不属于自己，是属于领主的，是领主通过村寨头人把土地分成若干份，分给农民耕种，从中收取租税的。他们懂得了要发展生产，要建设西双版纳，不搞土改不行，不彻底挖掉封建领主的根子不行。

土改工作队刚进村时，特别是在景洪坝区 8 个乡搞试点时，阶级斗争极为激烈，境外的敌人造谣惑众，说什么“共产党搞土改，要没收头人的土地、财产，要批斗、消灭剥削，头人属剥削阶级，当然是要消灭的了”。

他们挑拨民族关系。头人们怀疑共产党的政策是否能够兑现，工作队说的话是否算数，于是怕挨打、挨斗、杀头、分家财，有的人已准备外逃。尤其是自报剥削量、自报阶级成分的问题令他们头疼。如果把剥削量报高了，怕把自己的阶级成分划得太高，将来会挨斗；如果报少了，群众通不过，有可能也要挨斗；如果实事求是地报，又怕群众不相信，他们感到迷惘，前途黯淡……

这时候，召存信感到是自己下去现身说法的时候了。1955 年 12 月 25 日，召存信带领宣慰城的全体大小头人及其家属和景洪地区的村寨头人，来到版纳景洪人民政府所在地嘎洒，协商划阶级的问题。早在学习阶段，民族上层人士就知道了只要自己承认剥削，农民就会谅解，保证不批、不斗、不杀、不关等政策和原则，但在与农民面对面地协商阶级的时候，思想极为紧张，会场上鸦雀无声，领主没有笑容，有的低着头，不说一句话，有的怒目而视，个别人甚至还弹着舌头，大有一触即发之势。见到这种情景，召存信心里忐忑不安。他的妻子刀美英见此更为紧张，身上直冒冷汗。

协商大会开始之前，傣族上层人士及农民的代表各带一个小凳子来到这里，围在一张大桌子周围坐下。召存信、刘岩、刀有良坐在桌子的旁边。大会开始，召存信州长首先发言，他说："父老乡亲们，我们西双版纳现在正在进行一个伟大的历史变革，即要彻底挖掉封建领主的根，把领主的土地没收过来，分给无地、少地的农民。我们州搞土改，是用和平协商的方式进行的，用和平协商的方式把召片领的土地没收过来，分给无地、少地的农民，使农民真正成为'波海咪纳'⑦，成为土地的主人；我们要采取头人自报剥削量，自报阶级成分，让农民背对背地揭发、评审，最后才定阶级成分的方式，来完成这项工作。头人们对这次运动有顾虑是可以理解的。因为这样大的运动我们大家都没有经历过，而且敌人的谣言很多。为了戳穿敌人的谣言，为了证明共产党的政策是英明的，共产党是说话算话的，我就先来自报自己的剥削量，自报阶级成分吧！"

说到这里，召存信喝了一口水，这时全场鸦雀无声，大家都竖起耳朵倾听着：看这位新中国成立前的召景哈，今天的自治州州长，他要报多少剥削量，自报什么成分？

“大家知道，1944 年下半年到 1953 年初，我是西双版纳的召景哈，我每年收官租 1200 挑谷子，有 5 个家奴为我服务，我自报为领主成分，说得不对的，请大家揭发、检举，我绝对不会报复！”召存信说罢，当场在划阶级成分的表上签了名。

召存信的话刚落，与会的头人、群众就发出了热烈的掌声，并用一双双眼睛亲切地望着他，这是对他的信任，也是对他的鼓舞和希望。

召存信这一带头，使上层头人消除了顾虑。紧接着，代理宣慰使、副州长刀栋庭，二宣慰、版纳景洪版纳长刀栋刚，管象大臣召龙纳章，内务大臣召龙帕萨，以及相当于景洪土司的帕雅龙伴等人都纷纷表态，承认有剥削，属领主阶级，愿意跟着共产党走社会主义道路。最后，由农民代表发言，和风细雨地对领主提了意见，并提出了今后的希望。这样，领主承认了剥削，承认了阶级，农民对他们不批不斗、不关不杀，协商阶级会议圆满结束。

召存信的现身说法，对试点其他地区的头人们震动很大。他们想：“召景哈官那么大，收租那么多，解放后又当了州长，他都老老实实地报了剥削量，并且自报为领主，不怕丢官。我们这些绿豆一般大的头人算得了什么，还不赶快自报剥削量，自报阶级！”于是他们纷纷自报剥削量，自报阶级，“和改”试点工作顺利地完成了。

和平协商土改的胜利，从根本上废除了封建领主制度，极大地调动了农民的生产积极性，振奋了各族人民改天换地、奔向社会主义金光大道的精神。

庄严的誓言

早在1954年6月，召存信就向普洱军政干校的党组织提交了入党申请书。1954年，他又向党组织递交了第二份入党申请书。经过党组织多年的考验，他入党的条件已趋于成熟。1957年1月，经中共云南省委报经党中央批准，接收召存信同志为中国共产党党员，实现了他从一名封建领主变为以人民利益至上的人民公仆的根本性转变。尽管在历次政治运动中遭到怀疑，在“文革”中受迫害，在干校中当了一名“放牛郎”，但他始终忠于党，忠于人民，从来不做不利于党、不利于祖国和人民的事。

实现了梦寐以求的夙愿

1957年1月的一天，天下着淅淅沥沥的小雨，召存信带着手下的几个同志在中缅边境上的山寨检查工作。那时这个地方还没有通公路，他们只好骑马出行，有的地方山太陡，马上不去，只好走路。

在山寨里，召存信与农业生产合作社的社长、副社长、会计、出纳了解群众的生产、生活情况，以及群众对州政府的意见和要求等。召存信把哈尼群众的疾苦和他们对州政府的希望和要求，一一记在笔记本上。

这时，州政府的通信员骑马飞跑过来，向召存信报告说："召州长，刘副书记叫我来向您报告，您的申请书上面已经批准了！"

"什么申请书被批准了？"召存信虽然已想到他于1949年6月底向普洱军政干校的党组织递交过一份入党申请书，1954年又向州工委递交了一份，但几年的时间过去了，上面一直没有批准，是不是现在批准了？他不敢相信，只好向通信员提出了这样的问题。

"州长，就是您写的那个入党申请书呀！"通信员说。

"哦，我……我的……入……入党申……申请书……批……批准了？"召存信激动得结结巴巴地问道。

"是的，召州长，您递交的入党申请书上面已经批准了，是刘岩副书记亲自告诉我，叫我赶快来告诉您，并接您回去。他说，您的入党介绍人是他本人和李德云部长。”通信员肯定地说。

第二天，当召存信回到州政府时，刘岩同志和州工委组织部部长李德云同志热情地和他握手。“祝贺您，召州长！祝贺您加入到中国共产党的组织里来！”刘岩同志说。

“谢谢！谢谢！早在1949年6月，我就想加入共产党，并递交了申请书，可惜那时没有这个条件。今天我终于入党了，实现了我多年来梦寐以求的愿望，我太高兴、太幸福了！”召存信激动地说。

一天夜晚，月明星稀，银色的月光洒满了竹楼和田野。月光辉映下的州政府新盖的小礼堂里，悬挂着以镰刀、斧头为标志的中国共产党党旗和毛泽东主席的画像。召存信、刀有良和其他20多名新党员在这里举行入党宣誓仪式。宣誓仪式由州工委副书记刘岩同志主持，州工委的其他领导、州机关的党员和迫切要求入党的积极分子共100多人出席了宣誓仪式。

召存信、刀有良和其他新党员们站在台上，面对党旗举起右手，庄严地宣誓：要永远忠于党、忠于人民，遵守党章，为实现共产主义的伟大目标而奋斗终身……

这一夜，召存信心情异常激动，他朝朝暮暮想加入中国共产党，成为一名光荣的共产党员，由一名过去的封建领主召景哈，变成一名全心全意为党工作、为人民服务的公仆，今天终于实现了，这是对他自1949年以来为党兢兢业业工作的肯定。同时他也知道组织上批准他入党，是省委报经中央批准的，与他同时被中央批准入党的还有西藏自治区筹委会副主任委员、原西藏大农奴主阿沛·阿旺晋美。据说，吸收他入党，是敬爱的周恩来总理亲自批准并通知下来的，这是党中央对他多大的信任，寄予多大的希望啊！

他回家以后，便对爱妻刀美英谈起了自己入党的激动心情，让她也分享分享他的幸福和欢乐。夫妇俩躺在柔软的帕垫上讲共产党的好处，越谈心情越激动。他们实在睡不着，又起来，翻看 1950 年 7 月毛主席颁发给召存信，任命他为西南区军政委员会民族事务委员会委员的任命书，又翻看召存信去北京参加国庆观礼，1954 年去北京出席全国人民代表大会第一届第一次会议时见到毛主席和其他中央领导人时的照片，他和刀世勋向毛主席敬献金伞的照片，心里激动万分，直到天亮了连一点睡意也没有。

特殊的“放牛郎”

召存信是说得到做得到、实实在在办事的人，自己决心要做的事，哪怕是九头大象加上九条野牛也拉不转。他决心跟共产党走，无论遇到多大的风浪也不改变航向。

1958 年，全州贯彻党的“鼓足干劲，力争上游，多快好省地建设社会主义”的总路线，一方面大力兴修水利，大搞农田基本建设，如位于景洪的曼飞龙水库，被称为“天湖”的勐海勐邦水库等，就是在那时候开始修建的。这两座水库的落成，初步改变了景洪、勐海、勐遮等地“田想水想得心焦，水想田想得心跳”的状况，这是造福子孙后代的好事。另一方面，由于受“极左”思潮的影响，急躁冒进，想“跑步进入共产主义”，自治州也做了许多违背生产规律的傻事。例如，搞“一大二公”，宣扬平均主义，“鼓足干劲生产，放开肚皮吃饭”，“吃饭不要钱”，结果把储备的粮食都吃光了，造成了众多人饿肚皮、患浮肿病；大刮共产风、浮夸风，搞什么“种卫星田”“放卫星”，胡吹一亩田可以产数万斤粮等，给西双版纳的建设事业留下了隐患；大炼钢铁，“超英赶美”，把老百姓好端端的铁锅打碎来炼铁炼钢，甚至把铜佛像和铓锣也拿来炼铜，既践踏党的民族、宗教政策，也伤害了傣族和其他各族人民的感情。要知道，傣族和布朗族是全民信仰佛教的民族，再怎么“破四旧立四新”，也不能把铓锣和铜佛像拿来炼铜呀！

对于这一切，召存信十分痛心，但他坚信共产党，坚信毛主席。他知道，在革命和建设中，错误和挫折是常常会发生的，党中央、毛主席是会把稳舵，把革命的航船驶向胜利的彼岸的。

1958 年底，西双版纳的 12 个版纳合并成了景洪、勐海、勐腊 3 个县，行政上由省领导，党内由思茅地委领导。不久，西边工委又和景洪县委机关合署办公，西双版纳州的 3 个县由思茅专区直接领导，州政府实际上只管辖 40

几个州直属的小单位，民族区域自治只剩下一个空架子。

1966 年 6 月爆发的“文化大革命”，把西双版纳各族人民推上了苦难的深渊。从 10 月开始，召存信除了接受“革命群众”、“造反派”、红卫兵的揭发批斗以外，不仅没有任何职权，而且工资被克扣，精神上受到了严重的打击，好在有敬爱的周总理保护，才幸免于皮肉之苦。不久，召存信被送到景洪县景讷乡州“五七”干部学校劳动改造。他的任务是和其他几位老干部一起去山上放牛，成了一个特殊的“放牛郎”。在山坡上，常常可以看到一个戴着一顶烂草帽，手持牛鞭的身材高大的人在吆喝着近 200 头黄牛，他就是在各族群众中享有崇高威望的州长召存信，他现在是正在接受改造的“牛鬼蛇神”，“走资本主义道路的当权派”。

由于召存信的风湿性关节炎发作和脚掌肿痛，不得不间断放牛，乘坐马车、牛车、大卡车从 80 多公里外的“五七”干校到州医院看病。

医生们见召存信膝盖和脚掌、脚背肿得很厉害，便同情地说：“召州长，您风湿这么严重，脚肿成这样子，不能再去放牛了。干校那些人也真是，明知您有严重的风湿，走不得路，却偏偏叫您去放牛，到处跑，这不是故意整人吗？这样吧，我们给您开证明，说您风湿极为严重，建议让您回景洪治疗、休息，或者给您调换个工作。”

召存信听后忙说：“开不得，我是当权派，应该多改造改造，不然我会罪上加罪的。”“可您风湿极为严重，不能再继续放牛了，我们开张证明，建议让您在校部搞收发、打杂好不好？”医生说。

“不不不，我脚好了以后，还是继续去放牛，对运动不能抵触。我想通了，连国家主席还有开国元勋们都要接受改造，我这个小小的一州之长算得了什么呢？况且我过去是议事庭庭长召景哈，是剥削阶级的重要成员呀！我要在干校好好改造，我相信党，相信毛主席，情况会好的，总不会这样乱下去吧。”召存信诚恳地说。他风湿病稍有好转之后，就回到“五七”干校继续放牛。

1971年五六月份，中央召开全国陆地边防工作会议。在会上，当云南省领导向周恩来总理汇报工作，提到云南有13个地、州、市时，周总理随即翻开云南地图来看，地图上西双版纳、德宏、怒江、迪庆4个小州已悄然消失。周总理对此提出了严肃批评。周总理指出，实行民族区域自治，是党的政策所决定的，是写进国家宪法的，不能改，不能取消，这4个州必须恢复。

1972年12月8日，中共云南省委决定恢复西双版纳州工委，召存信也被“结合”进领导班子，当了州革委会的副主任，其职权相当于副州长，分管爱卫会和绿化工作。虽然权力很小但他已很满足，认为这是党对他落实政策的开始，自己一定要好好地干。

1973年6月28日和7月25日，中共云南省委、昆明军区党委先后两次向中共中央、国务院、中央军委提出“关于将西双版纳等4个民族自治州改由省直接领导”的请示，得到了中央的首肯。8 月 1 日，西双版纳和思茅地区正式分开，改为由省直接领导。8 月 10 日，中共西双版纳州委正式成立。召存信仍为州革委会副主任。

美好的回忆

1974 年 3 月份，第四届全国人大一次会议在北京召开。党没有忘记召存信这位从封建领主变为人民公仆、始终对党忠心耿耿、矢志不渝的人，仍然继续让他担任人民代表，代表西双版纳各族人民出席这次会议。

召存信已连续四届担任全国人民代表大会代表了。也就是说，他已连续 10 多年听取周总理的政府工作报告了。

1953 年 6 月，召存信去北京出席国家民族事务委员会工作会议，周总理、乌兰夫、李维汉等领导同志接见与会代表，并与代表们座谈、合影留念。在座谈会结束时，周总理对召存信说："召存信同志，你过去是宣慰司署议事庭庭长，现在是自治区人民政府主席，你很年轻，很有前途，希望你好好学习，好好工作，不断提高思想觉悟，有条件，可以申请加入中国共产党嘛！"周总理的指点，使召存信深感中央领导对他的进步是非常关心的，回到西双版纳以后，1954 年他就立即向党组织递交了入党申请书，要求党组织教育他、考验他，使他早日成为一名光荣的中国共产党党员。

召存信第四次见到周总理，是在1954年9月，他到北京出席第一届全国人民代表大会第一次会议，听取了周总理所作的政府工作报告。在云南代表团讨论政府工作报告时，周总理亲自到云南代表团听取代表们的发言。周总理一一和召存信等代表亲切握手，并问大家“在北京生活习惯不习惯？”周总理是那样的和蔼可亲，平易近人！

这以后召存信年年去北京参加全国人民代表大会，听取周总理的政府工作报告，周总理也经常到云南代表团讨论的地点听取意见，并不时讲话，鼓励代表们努力建设社会主义的新边疆。

1961年，由周总理亲自提名，召存信参加了以周总理为团长的中国友好代表团到缅甸进行友好访问。在访缅的过程中，周总理时常向召存信询问西双版纳的情况及各民族的生产、生活情况和民族上层、宗教界上层人士的思想情况、州内各民族的关系等。

最令召存信难忘的是1961年4月13日至16日，敬爱的周恩来总理和缅甸吴努总理一起来到西双版纳，穿起傣族服装，和傣家人一起欢度一年一度的泼水节。13日那天下午，召存信等自治州和景洪县的党政领导，穿起崭新的民族服装，到澜沧江码头迎接周总理和吴努总理。

周总理、吴努总理上岸以后，与召存信等人一一亲切握手。虽然他过去已多次握过周总理的手，可今天不同，周总理是特地来和傣家人过泼水节的，他对傣族的风俗习惯是多么尊重呀！因此他今天握着周总理的手，心情特别激动。他一直把两国总理送到州宾馆，在宾馆门口，周总理和吴努总理与前来欢迎他的各族干部、宗教界人士握手、问候。

当天晚上，召存信和州里的其他领导向周总理汇报工作后，就陪同两国总理观看省歌舞团和州文工团的联合演出。

14 日早晨，召存信陪同周总理驱车前往热带作物科学研究所和景洪农场的橡胶园，视察橡胶树生长情况，并接见农垦系统和科研部门的干部、职工、科技人员的代表。

周总理抚摸着一棵棵橡胶树说：这是我们自己的橡胶树啊，要好好管理。

热作所的领导说：我们一定要把橡胶树种好，把西双版纳建成祖国第二个橡胶基地。“为了种好橡胶，刚开始办特林试验场时，召州长还亲自兼任我们的第一任场长呢！”

听到这里，周总理微笑着说：“召州长亲自兼任场长，说明地方政府对发展橡胶种植业是十分重视的，召存信同志，你做得对呀！”

“总理，这是我应该做的工作，国家在我们西双版纳种橡胶，办科研所，对我们西双版纳的建设有好处呀！”召存信说。

周总理鼓励大家种好橡胶，搞好科研工作，献身边疆的建设事业。同时他提醒说，无论是农垦系统，还是各族老百姓，都不要毁林开荒、破坏森林。印度的恒河和埃及的尼罗河流域，过去都是人类文明的发祥地，有着茂密的森林，可是由于不合理的开发，致使森林被破坏，结果变成了沙漠。西双版纳与恒河、尼罗河流域的纬度相同，如果乱砍滥伐、破坏森林，这里就会变成沙漠，我们共产党人就会变成历史的罪人！

召存信高兴地说："总理说的太对了，森林是绝不能破坏的。自古以来，傣家人就说'有林才有水，有水才有田，有田才有粮，有粮才有人'。若失去了森林，就等于失去了一切。"周总理对左右的人说：傣族是个优秀的民族，在北回归沙漠带上能保留西双版纳这一块绿洲，能保留这么一片热带雨林是了不起的，这是傣族人民和其他各族人民对人类文明所做出的重大奉献。

下午2时，周总理穿上了银灰色的傣装，召存信为他扎上水红色的包头巾。他和吴努总理在召存信等省、州领导的陪同下，神采奕奕地来到允景洪的澜沧江边，坐在用树叶、草排搭起的观礼棚里，观看傣家人进行划龙船、放高升比赛。

周总理对省里和思茅地委、专署的领导说傣族的节日活动都是健康的，我们要尊重各民族的风俗习惯，只有做到了这一点，才能取得各族人民的信任和拥护，才能做到和各族人民心连心。召存信听到总理这一句话，异常激动，周总理想得真周到，真不愧是人民的好总理呀！周总理的一言一行，与国民党反动派的官员们飞扬跋扈，欺压、歧视各少数民族形成了鲜明的对比。

下午6时，周总理在州宾馆举行国宴，招待缅甸吴努总理，召存信应邀作陪。席间，周总理对召存信谈起了傣味菜肴，他说，傣族的香茅草烤鱼、烤肉和香竹饭都很好吃。

4月16日上午，天气格外晴朗，周总理陪同吴努总理到距允景洪2公里的曼听佛寺拜佛，并与傣族群众一起泼水祝贺。召存信、刀有良等作陪。

曼听佛寺与村寨之间，几十棵椰子树、槟榔树伸向云天，与那些枝繁叶茂的荔枝树、杧果树交相辉映，组成了一幅美妙的图画。在这些葱茏的果木之间，有一片开阔地，数百名傣族群众在这里敲锣打镲，跳象脚鼓舞和孔雀舞。周总理和吴努总理来到这里后，吴努总理在刀有良的陪同下，脱下鞋，走进佛寺里拜佛。他向佛献上了袈裟和食品，跪在佛像的面前长时间地祈祷。

总理没有走进佛寺，他在召存信的陪同下，在荔枝树下和傣族群众一起联欢。他从一名中年男子手里接过镲锣，“镲、镲、镲”地敲起来，然后又和大家一起跳起了象脚鼓舞。由于周总理地道的傣族打扮，傣族群众见了既感到十分亲切，又很激动。跟周总理在一起跳舞，大家一点也不拘束。

吴努总理从佛寺里出来后，泼水活动就开始了。开始时，周总理用柏叶蘸着银杯里的水泼向吴努总理，向各族干部、群众泼洒，后来他感到不过瘾，索性就端起脸盆来泼。警卫人员担心周总理着凉，用雨伞来为他遮挡群众向他泼来的水，总理却把伞推开了。由于周总理用脸盆泼，大家也端起脸盆来泼，千万朵银色的水花在总理与群众中间开放，“水——水——水”的欢呼声此起彼伏，泼水活动进入了高潮。

周总理和吴努总理当天下午就离开了西双版纳，返回北京。

周总理虽然走了，但他的谆谆教导，却永远留在召存信和西双版纳各族人民的心里。

自从“文化大革命”爆发后，全国人民代表大会已经停开六七年了，全国各地的人们像着魔似的，停工、停产、停课“闹革命”、揪“走资派”，全国危机四伏。

1974年3月全国人大代表大会开幕那天上午9点钟，在一阵阵暴风雨般的掌声中，周总理慢步走进人民大会堂主席台，作政府工作报告。见到周总理，并听到他的报告，召存信感到非常亲切，非常高兴，非常满足，同时他也发现，周总理比过去消瘦、衰老多了，作报告时声音有点颤抖，真担心总理身体支撑不住倒在讲台上。周总理，您是我们的好总理，您可千万不能倒下呀！

召存信回到西双版纳后，州委、州革委组织全国人大代表到各县、农场和部分区乡传达这次会议精神。可是无论他到哪里传达，都有一条“尾巴”跟着，怕他在传达中出现偏差，或借传达会议精神搞“不正当活动”。那个“尾巴”仅是军代表的一名排长，可他对召存信毫不客气，经常训斥他。召存信对此虽然有气，但他一直忍着，他相信党，相信群众，困难是暂时的，以后会好的。

宝刀不老

1974年四届人大一次会议在北京召开的时候，党没有忘记召存信这一位从封建领主变为人民公仆，为西双版纳各族人民做了大量好事的有功之臣，在他尚未被“解放”的时候，仍点名要他去北京开会，参与讨论国家大事。他被“解放”之后，曾担任几年的州革委会副主任。1982年，他重新当选为自治州州长。重新担任州长后，召存信率领州政府一班人马，根据新时期党的方针、政策，研究西双版纳的发展战略，争取到了修建西双版纳机场的项目。该机场于1990年4月竣工通航。1992年5月，由于年事已高，召存信不再担任州长，1993年至2003年2月任全国政协常委，1996年开始享受副省级待遇。离开州长岗位后，他已进入耄耋之年，但他仍老骥伏枥，为西双版纳的发展建言献策，直至生命的最后一刻。

再次当选为州长

1978年12月，中共十一届三中全会在北京胜利召开，这是新中国建立以来中国共产党历史上具有深远意义的伟大转折。

在十一届三中全会精神的指引下，西双版纳各级党委从实际出发，认真地、全面地落实党在农村的经济政策，解放思想，放宽了政策，扩大了自留地，发展了家庭副业，开放了集市贸易，减免了山区的公余粮负担，贯彻按劳取酬的原则，并逐步推广家庭联产承包责任制，极大地调动了各族农民的生产积极性，粮食产量大幅度地上升，各族农民的生活逐年有了改善。

1982年8月，西双版纳傣族自治州第六届人民代表大会第一次会议在允景洪召开，会议总结了粉碎“四人帮”以来，尤其是党的十一届三中全会以来的政府工作，提出了今后5年的工作任务，并选举产生了州人大常委会和州人民政府的领导班子。在选举州长、副州长时，在308名代表中，召存信以301票当选为自治州州长。党和政府信任他，各族干部、群众信赖他，西双版纳的革命和建设需要他，这使他激动不已。他想，当不当州长是次要的，而党和人民对他的信任却是极为重要的，他要把党的关怀和人民的信任作为动力，把西双版纳建设好，让它变得更加美丽、富饶、神奇！

重新担任州长的召存信，对西双版纳的发展前景充满了信心。他认真学习了党中央关于拨乱反正的文件和报刊上发表的有关“实践是检验真理的唯一标准”的讨论。通过学习，他的心胸开阔多了。他想，要加快西双版纳的建设，就要结合州里的实际，实事求是，因地制宜，切不可生搬硬套外地的经验。那么，什么是西双版纳的实际呢？他带领州政府一班人，经过深入分析后认为，西双版纳的实际是：一是少数民族多，属山区、边疆，经济文化较落后。西双版纳是以傣族为主体的，包括13个世居民族的地区，少数民族人口占75%。在少数民族中，除傣族有本民族的文字以外，其他少数民族仅有本民族语言，没有文字，新中国建立初期仍处于刻木记事的状况。在社会、经济方面，傣族新中国成立前夕处于封建领主社会，相对而言，经济比其他少数民族有所发展，但比内地先进民族地区要落后得多。其他少数民族，除少数地区出现地主经济的萌芽以外，布朗族、基诺族等民族，解放前夕均处于原始社会的末期，经济落后，处于刀耕火种的状况，生产力水平极为低下。

全州土地面积为19125平方公里，其中山区面积占95.1%，坝区面积仅占4.9%，交通不便，这是制约西双版纳经济发展的主要原因之一。

西双版纳地处祖国西南边陲，东、南、西三面与老挝、缅甸接壤，临近泰国，国境线长达966.3公里。由于过去受“左”的思潮的影响，西双版纳处于对外开放的末端，现在中央的政策好，要搞改革开放，可以使它变成对外开放的前沿，变成我国通往东南亚的重要通道、窗口和基地。尤其是澜沧江·湄公河，流经中、缅、老、泰、柬、越六国，被称为“东方的多瑙河”，不仅是两岸各国人民生长的摇篮、文明的发祥地，而且也是沿岸各国人民的经济走廊，可充分利用这条黄金水道与东南亚国家开展经济、文化交流。

二是自然资源丰富，具有“植物王国”“动物王国”“药物王国”和“普洱茶故乡”“孔雀之乡”的美称。

西双版纳的土地面积，仅占全国土地面积的1/504，但它却生长着5000多种植物，约占全国植物总类的1/6。其中，稀有孑遗植物135种，它们产生于地史第三纪，至今已连续繁衍了100多万年，被称为植物界的“活化石”；有本地植物特有种153种，珍稀濒危植物57种，占全国保护植物总类的13.3%；有经济植物1500多种，仅药用植物就有782种。已查明全州有陆栖脊椎动物600多种，占全国的25%；有鸟类429种，占全国鸟类种数的36%。其中，1982年、1983年间被列入国家重点保护的动物，一类保护动物占全国的19%，二类保护动物占全国的30%，三类保护动物占全国的39%。

西双版纳是世界上大叶种茶的发源地，是驰名中外的普洱茶的故乡。西双版纳已有数千年的植茶历史，至今仍有800多年的栽培型茶树和1700多年的野生茶树。早在明朝末期，普洱茶已进入“龙门”，成为皇帝喜欢饮用的饮料。到了清代，普洱茶已被列为皇帝的贡品，家中藏有普洱茶已成为皇室成员显贵的标志。

西双版纳又是孔雀的故乡。过去，西双版纳不仅森林里孔雀很多，而且农民家庭里也有不少人饲养孔雀。孔雀性格温顺，傣家人温情似水，两者性情非常相似，加之这里风景秀丽，到处浓荫匝地，翠竹婆娑，如同孔雀的羽毛一样美丽，因此这个地方被誉为“孔雀的故乡”。

三是拥有一个“基地”，一座“谷仓”。西双版纳是仅次于海南岛的中国的第二个橡胶基地。1982年有国营橡胶70多万亩，民营橡胶40多万亩。到20世纪末，国营、民营橡胶都可以发展到90多万亩，发展潜力很大。

傣族是云南各民族中植稻最早的民族，早在2000多年前，傣家人就学会了用大象犁田，创造了独特的稻作文化。由于这里土地肥沃、雨量充沛，稻子一年可以两三熟，因此这里历来粮食满仓，有种就有收，很难找到乞丐，故被誉为“滇南的谷仓”。

召存信认为，西双版纳的自然资源是十分丰富的，但由于各方面原因，自然资源优势并没有变成经济优势。为了尽快地把资源优势变为经济优势，需要打好五个基础：

一要打好农业基础。要兴修水利，大搞农田基本建设，教育农民增施肥料，实行科学种田，提高单位面积产量，让全州老百姓有饭吃、有衣穿、有福享。另外，要抓好茶叶、橡胶、南药、水果、香料的生产，使各族农民尽快富裕起来。

二是要打好教育、科技基础。过去，西双版纳的教育、科技十分落后，傣族虽有本民族的语言、文字，但历史上没有办过学校，仅靠佛寺传播知识。新中国建立后，党和国家十分关心西双版纳的教育事业，陆续在全州各地兴办了许多小学、中学、中等专业学校，设立了热带作物科学研究所、热带植物园、药用植物研究所、茶叶科学研究所等科研机构。这些学校和科研机构是西双版纳发展的希望，党和政府要多关心、爱护、发挥它们应有的作用。

三是要打好交通、能源基础。新中国建立以来，西双版纳的交通面貌虽然已有很大的改变，但多数县级公路仍为晴通雨阻。从勐养至景洪的一段公路，虽然只有30多公里长，但有300多个大小弯子，道路狭窄；澜沧江上虽已有一座1964年建成的全长330多米的公路桥，但现已不堪重负，需要另修一座大桥；澜沧江航道需要疏浚，使之晴天雨天都能通航；西双版纳没有机场，交通不便，需要向省政府和国务院反映，修建一个机场，以便形成以允景洪为中心的陆、水、空交通网络。能源、通信等方面现在已不适应新形势的需要，需要在南果河、拉达勐、南腊河等修建电站，这是现代化建设的需要。

四是要打好加工业的基础。西双版纳是国家级的风景名胜区、国家级的自然保护区，是北回归沙漠带上"独领风骚"的一块绿洲。为了让这块绿洲永不消失，西双版纳不可能办什么重工业，但"无农不稳，无工不富，无商不活"是众所周知并已被实践证明了的，因此不办一点工业也不行。但办什么工业呢？只能办一些没有污染的加工业，如果脯厂、饮料厂、木材加工厂、罐头厂、酒厂等，这些都需要进行周密的调查论证，做出规划。

五是要打好旅游基础。西双版纳具有丰富的旅游资源，旖旎的热带、亚热带自然景观，以傣族为主体的绚丽多彩的民族风情，以贝叶文化为主体的博大精深的民族文化，一江连六国的澜沧江·湄公河，都是极有魅力的旅游资源，需要进行开发，建立一些上档次、有品位的旅游景点。西双版纳与缅甸、老挝接壤，距离缅、老、泰神秘的“金三角”很近，将来可以开展边贸和跨境旅游。也许，旅游业会成为西双版纳的龙头产业呢！要发展旅游业，就要设法引进资金，搞一些基础设施建设。

从那时起，召存信就利用他到北京、昆明开会的机会，向中央和省里的领导反映，要求中央在西双版纳修机场，要求开通澜沧江·湄公河航线，要求加大对西双版纳农业、交通、能源、教育、科技的投入。凡是中央和省里的领导到西双版纳考察、视察工作，召存信就抓紧时间向他们汇报工作，以引起中央和省领导的重视。

金凤凰要腾飞了

由于西双版纳地处边疆，过去受极“左”思潮的影响很深，不仅中老、中缅的国门紧紧地关闭着，而且通向内地的大门也半开半闭着。内地的人想到西双版纳探亲访友、观光旅游、洽谈生意也受到种种关卡的阻拦，困难重重。因此那时来这里观光旅游、洽谈生意的人极少。

随着党的改革开放政策的深入贯彻，西双版纳的面貌日新月异，前来参观、考察、旅游和洽谈生意的国内外客人日益增多。但是，由于西双版纳没有机场，交通不便，从昆明至景洪的公路山回路转，弯弯曲曲，改革开放受到了严重的制约；澜沧江上没有港口、码头，国内外货物不能进出。因此，摆在州委、州政府面前的任务是，积极向省委、省政府、国务院和省民航局、国家民航总局、国家口岸办反映，要求国家在西双版纳修建机场、港口，设立对老挝、缅甸开放的陆地口岸，把边境的国门打开，以吸引国内外的客商和旅游者。因此，在召存信的领导下，州政府经过反复讨论，做出决定，提出方案正式向国务院、省政府报告。召存信利用每年到北京参加全国人代会的机会，利用议案、提案、建议案和口头汇报的形式，积极向中央反映，要求在西双版纳建立二级机场、国家一类港口和在勐腊县的磨憨、勐海县的打洛设立陆地口岸。到 1986 年，国家已同意在西双版纳建立可起降波音 737 飞机的二级机场。

由于修建机场需要征用曼峦龙、曼纳、曼掌宰、曼迈等村寨的农田，而农田是农民的命根子，如果处理得不好，是要出问题的。刚刚开始征用土地时，傣族农民确实不愿意让州里征用他们的农田，他们的理由很多，如：他们的农田本来就不多，田的周围都是橡胶林，连村寨的周围也是橡胶林，已经没有什么土地可供他们开垦了。农民失去了土地，叫他们怎样生活等。

在这时候，州长召存信就亲自出面了。他带上机场指挥部的几个同志，深入这些村寨，召开座谈会，了解群众对征用土地的意见。他认真听取意见之后，对被征用土地的傣族老乡说：解放前，西双版纳的土地是属于召片领的，今天土地是国家的，大家都是国家的主人。当主人就要有主人的责任心。现在国家要在这里修建飞机场，目的是要让西双版纳的经济像飞机一样腾飞起来，让我们大家的生活富裕起来，这是过去连做梦都想不到的好事。大家知道，我们傣家人过去有着金凤凰把人驮走和飞船把人载走的传说，但我们谁也没见过凤凰，也没有见过什么飞船，可我们今天仍把飞机叫作“飞船”。可见我们傣家人自古以来都向往着坐飞机。现在我们要修建飞机场，我们大家不是可以坐飞机了吗？为了我们自己，为了我们西双版纳，为了我们的国家，大家就拿出主人翁的精神来吧！

经召存信这么一动员，被征用土地的傣族老百姓都想通了，纷纷将土地心悦诚服地交给了修建机场指挥部，而且征地费收得很低，每亩才2万元。这是多么通情达理、多么热爱祖国、多么热爱自己家乡的百姓呀！

由于征地工作做得很顺利，西双版纳机场于1987年12月破土动工，承担施工任务的济南空军工程队日夜奋战，各协作单位通力合作，机场于1990年3月底竣工并通过验收，4月初举行试飞，获得了成功。这是一座全天候的机场，可起降波音 737 飞机。

4 月 7 日，西双版纳州政府在机场举行隆重的机场竣工和通航典礼，各族群众和文艺工作者载歌载舞，庆祝西双版纳交通史上揭开的新篇章。召存信和省政府的领导、省民航局的领导在大会上作了热情洋溢的讲话，并为机场剪了彩。

飞机通航那一天，州政府和州民航站让被征用土地的代表（每家 1 人）乘上波音 737 飞机在空中盘旋了几圈。事后，召存信又责成有关部门组织农民代表、交售给国家万斤粮户代表乘飞机赴昆明等地旅游观光。

飞机通航后，相继开通了西双版纳至成都、重庆、广州、天津、上海、大理、丽江的航班，开通了西双版纳至北京的旅游包机。

1995 年，西双版纳机场已被国务院批准为对东南亚各国开放的口岸机场，后修的国际候机大楼，扩修、延伸的跑道已于 1996 年 3 月竣工，是年 4 月 7 日由西双版纳飞往泰国曼谷的飞机已试航成功。

要把旅游业当作龙头产业

1990 年，省长和志强亲自率领省政府几十名厅（局）级领导到西双版纳，召开省政府第一次西双版纳旅游现场办公会议。在会上，召存信向省政府详细汇报了西双版纳的旅游资源、工农业生产、商业贸易、文化教育、人民生活等方面的问题，各有关部门也向省政府领导提供了详细的资料。

会议期间，和省长及各厅（局）领导与召存信等西双版纳州的领导，共同分析了西双版纳的旅游资源、西双版纳在全国及在东南亚的知名度，研究了西双版纳发展的方向。会议认为，西双版纳是国家级的风景名胜区、国家级的自然保护区，有着极为丰富的动植物资源、迷人的自然景观和以傣族为主体的西双版纳的各族人民，具有悠久的历史、灿烂的文化和多姿多彩的风俗民情，而且在新中国建立前夕有着独特的社会形态，是个不可多得的民族文化“博物馆”、民族风情的“展览馆”，是研究人类社会发展史的天然“课堂”；西双版纳在全国、全世界都有较高的知名度。以上条件，是西双版纳发展旅游业良好的基础。因此，西双版纳要在以农业为基础的前提下，抓住机遇，大力发展旅游业。

会议决定，为了帮助西双版纳发展旅游业，省政府在近期内将帮助西双版纳抓好以下四项工作：一是兴建野象谷、森林公园，以展示西双版纳原始森林扑朔迷离的风貌、动植物资源的丰富和人与自然的和谐发展；二是兴建一座百鸟园，以展示西双版纳以孔雀、犀鸟等珍稀鸟类为主的各种鸟类的风采；三是要新建一座澜沧江大桥；四是改造由勐养到景洪的 34 公里长的公路。

省政府现场办公会议之后，州委、州政府认真贯彻这次会议精神，并反复研究，把“八五”计划的思路调整为：强化三个基础（农业、交通能源、教育科技），巩固五大优势（粮食、橡胶、茶叶、蔗糖、南药），开发六大产业（旅游、边贸、加工业、养殖、香料、水果），搞好一个保证（民族团结、边疆稳定），促进国民经济持续、稳定、协调地发展。

根据这个思路，州政府制定优惠政策，积极招商引资。云南省烟草公司、上海新闵集团等先后在西双版纳投资兴建了傣园酒店、皇冠大酒店、新闵国际大酒店、景兰大酒店等高等级的酒店。1992 年以后，州政府在景洪开辟了西双版纳旅游度假区，外地和州内的商家在度假区里兴建了许多星级以上的宾馆、酒楼。与此同时，对原有的宾馆、饭店进行了改造。到 1998 年，仅景洪市区的涉外宾馆、饭店达 70 多家，已批和待批的星级宾馆饭店达 30 多家，具备了一定的接待能力。

自治州对民族风情园、曼听公园等景区、景点进行了改造，通过引资、合资等方式，兴建了野象谷、版纳乐园、原始森林公园、打洛森林公园、绿石林森林公园、望天树“空中走廊”等景点。勐腊县和勐海县先后开通了勐腊至南塔、琅勃拉邦，勐海打洛至缅甸小勐拉的跨境旅游线路。因此，前来西双版纳旅游的国内外旅客日益增多。1990 年，前来西双版纳旅游的国内外旅客仅二三十万人次，可到 1998 年，国内外游客就达 225 万多人次，旅游综合收入达 17 亿多元。

老骥伏枥　志在千里

1992 年 5 月，州人大、州政府和州政协换届，由于召存信年事已高，中共云南省委经请示中共中央，决定召存信同志不再参加换届选举，由省委安排其他工作。

在这段时间里，召存信回顾了自从他 1949 年 5 月跟随共产党闹革命以来，党已经给了他别人无法与他相比的荣誉：他担任了一至七届西双版纳傣族自治州的州长，这在全国是绝无仅有的；他担任了一至七届全国人民代表大会代表、全国人大民族委员会委员，四至七届全国人代会主席团成员，这在全国也是少有的；他参加了毛泽东、周恩来等三代党和国家领导人的国宴；在共产党的教育、培养下，从一个封建领主，变成了一位为人民服务的公仆，他已经很满足了。因此，他心甘情愿地退了下来，当一名州政府的顾问，从 1993 年 3 月起担任全国政协常委，从 1996 年起，享受副省级政治、经济待遇。

召存信虽然不当州长了，但他的心仍然牵挂着州里的经济、文化建设。他每次去北京开会之前，都要深入各县（市）、乡镇和州直单位，调查了解情况，倾听人民的呼声，在北京开会期间，认真写提案，向中央反映西双版纳各族干部、群众的愿望和要求。

为争取把景洪县改为景洪市，召存信除了在全国政协八届一次会议期间以提案方式向中央反映有关情况以外，于1993年亲自率领景洪县的领导到北京找国家民政部领导，在北京住长达2个月之久，直到民政部同意为止。

为了争取国家在景洪建立国家一类港口，为了争取把西双版纳机场变成面向东南亚开放的口岸机场，为了把勐腊县的磨憨口岸建成国家一类口岸，召存信多次率领州、市（县）的领导，到北京找交通部、口岸办、国家民航总局等单位反映情况，不成功不返回西双版纳。

景洪市勐罕镇的曼厅村，位于澜沧江边，由于江水冲击左侧的土岸，使该村的土地大片大片地坍塌，已延伸到村寨房边，严重地威胁着该村群众的生命安全。为了整治江堤，保护曼厅村农民的生命安全，为了开辟澜沧江·湄公河航道，召存信曾多次用提案的方式，向全国政协及国务院反映，要求国家立项，整治澜沧江堤坝。经过召存信及州内各族干部、群众的努力，澜沧江堤的整治终于得到了国家的重视，并立项开始整治。

大渡岗茶叶实业总公司（即国营大渡岗茶场）是西双版纳国营企业的一面旗帜，从1989年起先后被授予云南省一级先进企业、云南省优秀企业、国家二级企业、国家AAA企业，连续多次被评为出口创汇的先进企业。其主要产品绿茶、CTC红碎茶等荣获省、部、国家优质产品奖，荣膺“云南名茶”“中国名牌产品”，亚运会、民族艺术节，第四届、第五届民运会“指定饮料”等光荣称号，荣获国家首届“食品博览会”金奖等。该公司为了争取茶叶产品的进出口权，先后花了近2年时间写报告，上北京反映情况，一直未得到解决。没奈何，该厂领导找到召存信老州长，请老将出马。为了发展边疆的经济，召存信答应了他们的要求，于1996年7月下旬带着该公司领导到北京，使这个问题得到了圆满解决。

1997年5月，州九届人民代表大会第一次会议、州政协八届一次会议召开，一部分年轻的同志被代表推上了州政府和州中级人民法院、州人民检察院的主要领导岗位。新当选的州长岩庄和几名副州长，他们要做的第一件事是去拜访德高望重的老州长召存信同志，请他继续担任州政府的顾问，继续为州政府出谋献策，继续支持州政府的工作。其他副州长也表示要学习老州长勤政为民、廉洁奉公、全心全意为人民服务，无论遇到多大风浪也不改变对共产党的信任的精神。

召存信对州工委、州委的领导十分尊重，从20世纪50年代初的唐登岷、刘岩开始，到后来的孙明、申玉卿、丁锡武、彭名川、杨振华、龚一匡、李殿彦、胡朝淦等19任州工委、州委书记召存信都十分尊重他们的意见，从来没有发生过州长与书记之间的意见分歧和貌合神离的现象。陈思雄、黄建国两位同志是在召存信不担任州长，改任全国政协常委以后才来西双版纳担任州委书记的，他们的年纪比召存信小得多，可以说是他的晚辈。可召存信他每次去北京开会回来，都主动去找书记汇报，书记们更是尊重这位从领主到公仆、宝刀不老、老骥伏枥的长者，遇事总要事先征求他的意见，常到他家里登门求教，彼此关系十分融洽。

1998 年 3 月，召存信赴北京出席全国政协九届一次会议，他又一次当选为全国政协常委。从机场出来，召存信乘坐的车子沿着新修的机场专用一级公路驰过旅游度假开发区时，已是夜里 10 点多钟，辉煌的灯火把宽敞的街道、马路两旁林立的傣园、银通、金凤、财鑫、锦都、皇冠、金版纳等三星级以上的宾馆、酒楼照亮时，他心里的兴奋之情难以形容：西双版纳越来越美了，变得一天比一天更好了。在党的改革开放政策的指引下，西双版纳的明天将变得更加光华璀璨、万紫千红。他虽然已进入耄耋之年，但他宝刀不老、老骥伏枥，愿为西双版纳的建设增添异彩、贡献余热，让西双版纳变得像千瓣莲花一样美丽。

传奇州长召存信

2015 年 1 月 23 日，召存信与世长辞。他出生于 20 世纪 20 年代，1953 年 1 月至 1992 年 5 月，连续七届、40 年担任西双版纳傣族自治州州长，是全国人民代表大会一至七届代表，全国政协八届、九届委员会常委。

当了 40 年州长，获过无数荣誉称号，受到过党和国家三代领导人的亲切接见，召存信的一生资历深厚。但这种资历并没有给他带来财富。他始终两袖清风，至今仍住在西双版纳州政府家属大院的一幢平房里。虽然离任多年，但是来看望他的干部、农民、工人仍络绎不绝，他们不为与老人说上话，只为能看他一眼。

有人说，老州长召存信的一生就是西双版纳的一部近现代简史。没有他，西双版纳的历史可能会改写。从封建领主到人民公仆，他实现了人生的重大转变，更重要的是为西双版纳带来了长久福祉，将永远受到人民的景仰和爱戴。

中共云南省委宣传部于2015年12月授予召存信“云岭楷模”的荣誉称号，中共云南省委于2015年12月31日做出了向召存信同志学习的决定。

向召存信同志学习，就要学习他一生爱党信党，对党无限忠诚的政治品质。召存信同志原是管理一方的封建领主，虽然身居上层，但他对剥削制度和国民党反动统治强烈不满，组建了民族自卫武装，与横行乡里的国民党残军做斗争。后受进步人士影响，对中国共产党心生向往，主动到普洱（现宁洱）寻找党组织，积极配合中国人民解放军解放了西双版纳，把象征封建领主世袭权力的金伞献给了毛泽东主席，还第一个在新中国民族团结第一碑普洱民族团结誓词碑上签名，立誓“永远跟着共产党，建设社会主义新边疆”。他在西双版纳第一届各族各界人民代表大会上宣布放弃“召景哈”官职，随后加入中国共产党，实现了从一名封建领主到人民公仆的转变。在此后的长期岁月中，召存信同志始终坚守共产党人精神家园不舍不弃，始终保持对党的无限忠诚。

向召存信同志学习，就要学习他一生坚守誓言，献身民族团结进步事业的崇高精神。召存信同志带领各族群众像珍爱眼睛一样珍爱民族团结，在各族群众中广泛宣传“三个离不开”的思想，牢固树立国家意识、公民意识、中华民族共同体意识，把各民族紧紧团结在一起。他认真贯彻落实党的民族宗教政策，全面落实民族平等政策，禁止歧视少数民族的言行，主持制定了关于在傣族中禁止迫害“琵琶鬼”和在哈尼族中禁止杀害双胞胎的单行条例，废除了千年陋习。他注重执行并完善民族区域自治制度，加强民族自治地方立法工作，坚持“团结、教育、疏导、化解”的方针，正确处理影响民族团结的问题，加大少数民族干部的培养和选拔力度，大力营造“民族不分大小，都是社会主义大家庭一员”的良好氛围，着力巩固和发展社会主义新型民族关系。

向召存信同志学习，就要学习他一生忠诚职责使命，殚精竭虑谋发展的公仆情怀。召存信同志常说：“要促进各民族平等、团结、和谐，根本的出路在发展。”几十年来，在党的领导下，他把发展民族地区经济作为重要抓手，团结和带领各族人民，致力于西双版纳经济发展、社会进步、民生改善、文化繁荣，开创了西双版纳建设发展史上的多个“第一”，将西双版纳由交通闭塞、贫穷落后、疾病肆虐的“瘴疠之区”“蛮荒之地”，逐步建设成为经济发展、民族团结、社会和谐、人民幸福的社会主义新边疆。

向召存信同志学习，就要学习他一生亲民爱民，始终与群众心连心的优良作风。召存信同志常说：“关心老百姓生活，为老百姓解难事急事，是我们最直接、最重要、最具体的一项工作职责。要把老百姓拥护不拥护、高兴不高兴、赞成不赞成作为工作决策的出发点和落脚点。”召存信同志视群众为亲人，不论坝区山区的少数民族群众，都可以像走亲戚一样随意出入他的家门和办公室，他的大门永远都向基层群众敞开着。他经常深入基层、农村调研，了解各族群众的生活和期盼，真诚帮助和深切关爱各族群众，积极为各族群众排忧解难，赢得了各族群众的尊敬和爱戴。

向召存信同志学习，就要学习他一生严以律己、廉洁从政的共产党员清廉本色。召存信同志担任州长40年，始终严格要求自己，清清白白做人、干干净净为官、踏踏实实干事，善于团结各方，先后与19位州委书记共事过，跟每一位州委书记的关系都很融洽。他一身正气、两袖清风，“爱民千寨，不爱财千袋”，从不搞特殊，从未利用手中的权力谋取私利，严格教育管理亲属和身边工作人员，始终保持共产党员清廉本色。

2016年5月24日，召存信同志先进事迹报告会在昆明举行。省委书记李纪恒在会上强调，全省广大党员干部要深学细照笃行召存信同志先进事迹，强化党性观念、宗旨意识、担当精神，努力做党和人民满意的好党员好干部，自觉担负起闯出一条跨越式发展路子，打赢脱贫攻坚战，与全国同步全面建成小康社会的历史重任。

省委副书记、省长陈豪主持报告会。省委副书记钟勉宣读《中共云南省委关于追授召存信同志“全省优秀共产党员”称号的决定》。省政协主席罗正富出席。

报告会上，省人大常委会副主任刀林荫，西双版纳州人大常委会副主任、召存信的幼子召亚平，西双版纳州委宣传部副部长、文明办主任李金秀，《西双版纳报》记者刘启虹，景洪市基诺山乡小学教师李文秋等报告团成员分别作报告，从不同角度、不同侧面追忆召存信同志的先进事迹，展示了召存信同志为西双版纳解放、民族团结进步、经济社会发展、边疆和谐稳定做出的重大贡献，彰显了召存信同志对党和人民的忠诚和热爱。

李纪恒在报告会结束时讲话，他说，榜样的力量是无穷的，先进典型是有形的正能量、鲜活的价值观。召存信同志是我省民族团结进步的光辉典范，是优秀共产党员的时代楷模，是云岭大地上涌现出来的又一重大先进典型，树起了党员干部该如何为政、该如何干事、该如何做人的人生标杆。向召存信同志学习，就要学习他一生爱党信党，对党无限忠诚的政治品质，始终把党、国家、人民的事业放在首位，始终做到爱党、信党、护党、跟党走。要学习他一生坚守誓言、献身民族团结进步事业的崇高精神，推动民族团结、社会和谐、人民幸福，建设我国民族团结进步示范区，把祖国西南边疆治理得更加美好。要学习他一生忠诚职责使命、殚精竭虑谋发展的公仆情怀，在各项工作中勇于担当、积极作为、苦干实干，努力创造无愧于党和人民的新业绩。要学习他一生亲民爱民、始终与群众心连心的优良作风，切实做到民有所呼我有所应、民有所需我有所为，把脚印留在基层，把口碑立在民心。要学习他一生严以律己、廉洁从政的共产党员清廉本色，带头遵守党纪党规，始终坚持依法用权，旗帜鲜明地反对腐败，清白做人、干净做事、坦荡为官。

参考书目

1. 征鹏著：《从领主到公仆》，云南美术出版社 2003 年版；

2. 西双版纳傣族自治州地方志编纂委员会编：《西双版纳傣族自治州志》，新华出版社 2002 年版；

3. 刀正良、征鹏主编：《西双版纳名典》，云南美术出版社 2008 年版；

4. 征鹏、杨胜能编著：《新编西双版纳风物志》，云南人民出版社 1999 年版；

5. 西双版纳州政协编：《西双版纳相思豆》，云南民族出版社 1989 年版。

注 释

① 傣语，意为“广大土地之主”。

② 由于当时老挝是法国的殖民地，西双版纳人将老挝称为法国。

③ 景帕铳：傣语意为“巨石呻吟之城”，指宣慰城。

④ 傣语，老百姓。

⑤ 傣语，意为毛主席身在远方，心却在我们身旁。

⑥ 昆洛公路即昆明至西双版纳中缅边境打洛镇的公路，全长 870 多公里。

⑦ 傣语：地之父，田之母，即土地的主人。